Nachhaltig leben mit Kindern

Bewusster
Umgang mit
Ressourcen

Von der Windel
bis zum ersten
Handy

Erfahrungs-
berichte und
Anekdoten

Verein für Konsumenteninformation (Hrsg.)
Susanne Wolf

Nachhaltig leben
mit Kindern

Impressum

Herausgeber
Verein für Konsumenteninformation (VKI)
Mariahilfer Straße 81, A-1060 Wien
ZVR-Zahl 389759993
Tel. 01 588 77-0, Fax 01 588 77-73, E-Mail: konsument@vki.at
www.konsument.at

Geschäftsführer
Dr. Josef Kubitschek
Mag. Dr. Rainer Spenger

Autorin
Susanne Wolf

Lektorat
Mag. Peter Blazek
Doris Vajasdi

Grafik/Produktion
Günter Hoy
Ing. Ursula Payer

Foto Umschlag
Seamartini Graphics/Shutterstock.com
LuckyImages/Shutterstock.com

Druck
Holzhausen Druck GmbH,
2120 Wolkersdorf

Bestellungen
KONSUMENT Kundenservice
Mariahilfer Straße 81, A-1060 Wien
Tel. 01 588 774, Fax 01 588 77-72
E-Mail: kundenservice@konsument.at

Bibliografische Information der Deutschen Nationalbibliothek
Die Deutsche Nationalbibliothek verzeichnet diese Publikation in der
Deutschen Nationalbibliografie; detaillierte bibliografische Daten
sind im Internet über http://dnb.d-nb.de abrufbar.

Verein für
Konsumenteninformation
ISBN 978-3-99013-056-8

€ 19,90

Nachhaltigkeit ist längst kein Fachausdruck mehr, der Begriff hat im alltäglichen Leben Eingang gefunden. Ursprünglich in der Forstwirtschaft beheimatet, hielt die Nachhaltigkeit bereits in den 1980er-Jahren Einzug in die Agenda 21 der Konferenz der Vereinten Nationen über Umwelt und Entwicklung.

Heute sind Maßnahmen für Umwelt- und Klimaschutz wichtiger denn je: Die weltweite Ressourcenverschwendung hat ungeahnte Ausmaße angenommen. Der sogenannte Welterschöpfungstag (World Overshoot Day) fiel im Jahr 2015 auf den 13. August. Das ist der Tag, ab dem wir aus ökologischer Sicht über unsere Verhältnisse leben; ab diesem Zeitpunkt werden mehr Ressourcen verbraucht als die Erde produzieren kann.

Doch die internationale Staatengemeinschaft beginnt umzudenken: Im September 2015 wurde von den UN-Staaten die Agenda 2030 unterzeichnet, eine Nachfolgeregelung zu den Millennium Development Goals (MDGs). Sie gilt als der neue Orientierungsrahmen für die globale Entwicklungs- und Umweltpolitik. Mit den Sustainable Development Goals (SDGs) soll bis Ende 2030 Armut beseitigt, die Gleichstellung von Frauen vorangetrieben, die Gesundheitsversorgung verbessert und dem Klimawandel gegengesteuert werden.

Auf dem Weg zu einem verantwortungsvollen Umgang mit unserer Umwelt sind auch die Verbraucher gefordert. Durch bewussten Konsum und Lebensstil tragen sie zu mehr Nachhaltigkeit bei. Wie Familien einen nachhaltigen Lebensstil pflegen können, wird in diesem Buch ebenso behandelt wie die Erziehung der Kinder zu einem verantwortungsvollen Umgang mit Ressourcen und unserer Umwelt. In diesem Sinne ist das vorliegende Buch eine Einladung an alle Eltern, sich mit dem Thema Nachhaltigkeit auseinanderzusetzen und ihr Wissen an die nächste Generation weiterzugeben.

Dabei werden zahlreiche konkrete Beispiele geboten, wie andere Menschen mit bestimmten Herausforderungen umgehen; Organisationen, Initiativen, Plattformen, die einen Beitrag zur Nachhaltigkeit leisten, werden kurz vorgestellt. Die Auflistung erhebt keinen Anspruch auf Vollständigkeit, da sich ständig neue Gruppierungen bilden – man denke nur an die vielen Initiativen zur Nachbarschaftshilfe oder Tauschbörsen. Daher bitten wir auch um Verständnis dafür, dass so manche engagierte Initiative hier keine Erwähnung findet. Wenn dieses Buch dazu beiträgt, Mut zu machen und die Kreativität anzuspornen, wäre sein Zweck erfüllt.

Ihr KONSUMENT-Team

Inhalt

Für den Start ins Leben

Windeln, Babypflege, Kinderwägen: Bei den Allerkleinsten
ist es besonders wichtig, auf ökologisch vertretbare Produkte
zu achten.

Nur das Beste

Das Baby ist da und die Freude groß! Die Eltern wollen natürlich nur das Beste für ihr Kind: Außer auf die Gesundheitsverträglichkeit von Produkten wird zunehmend auch auf Nachhaltigkeit Wert gelegt. Das beginnt beim ersten Strampelanzug und reicht von der Babytrage übers Fläschchen bis zur ökologisch vertretbaren Windel.

Nachhaltige Babymode wird bereits von zahlreichen Herstellern angeboten (▶ Links am Kapitelende). Bei Schnullern und Saugern für Fläschchen werden solche aus Naturkautschuk (Latex) empfohlen. Latex ist ein bräunliches Naturmaterial und angenehm weich sowie beiß- und reißfest. Der Sauger wird aber schnell unansehnlich, da er Fette aus Kautschukmilch enthält – er muss gewechselt werden, sobald er klebrig wird.

Problematisch für Kinder sind vor allem die Kunststoffe Polyvinylchlorid (PVC) und Polycarbonat (PC). Weiches PVC enthält einen hohen Anteil schädlicher Weichmacher und andere bedenkliche Zusatzstoffe. Polycarbonat-Kunststoffe werden mithilfe von Bisphenol A (BPA) hergestellt. Diese Chemikalie kann sich aus dem Kunststoff lösen. Vor allem Kinder können größere Mengen der Stoffe aus Spielzeugen und Produkten aufnehmen – in Babyfläschchen ist BPA bereits EU-weit verboten, in Österreich auch für Schnuller und Beißringe. Fläschchen aus Glas sind umweltfreundlicher und können mit einer speziellen Hülle vor Bruch geschützt werden.

Vorsicht bei Kunststoffen, die Weichmacher enthalten

Richtig gewickelt

Wegwerfwindeln bestehen vorwiegend aus Zell- und Kunststoff, fast alle Produkte enthalten chemische Quellkörper, die die Feuchtigkeit binden. Österreichs Babys verbrauchen pro Tag eine Million Wegwerfwindeln, ein Baby benötigt pro Tag fünf bis sieben Windeln. Über einen Zeitraum von zwei bis drei Jahren gerechnet bedeutet das: 1.000 Kilo, also eine Tonne Müll pro Baby. Der Anteil von Wegwerfwindeln beträgt bis zu 10 Prozent des gesamten Restmülls.

Einmal-Windeln scheinen praktisch zu sein, weil sie nicht gewaschen werden müssen und auf den ersten Blick preiswert sind. Wer jedoch

Wussten Sie, dass …

bei der Wahl der „Mogelpackung des Jahres" die Konsumenten Pampers-Windeln von Procter & Gamble mit großem Abstand zum Sieger kürten? Begründung: Fünf Mal in den letzten acht Jahren wurde die Anzahl der Windeln pro Packung ohne entsprechende Preissenkung reduziert, von ursprünglich 47 auf aktuell 31 Stück.

bluebeat76/Shutterstock.com

genau nachrechnet, merkt schnell, dass diese Wegwerfprodukte nicht nur die Umwelt belasten, sondern auch die Geldbörse. Bei der Verwendung von Wegwerfwindeln fallen über die Jahre bis zu 1.500 Euro an. Bei waschbaren Mehrwegwindeln kostet zwar die Grundausstattung etwas mehr (ca. 250 Euro), für Energie, Wasser und Waschmittel fallen jedoch nur ca. 300 bis 400 Euro an, was Gesamtkosten in der Höhe von maximal 650 Euro ausmacht. Außerdem gibt es Förderungen, die je nach Bundesland zwischen 50 und 100 Euro betragen. Da die Wickelsysteme weiter benutzt werden können, erspart man sich ab dem zweiten Kind die Anschaffungskosten.

Mehrwegwindeln sind günstiger und umweltfreundlicher

Wickelsysteme aus Baumwolle gibt es von verschiedenen Herstellern. Sie bestehen aus mitwachsenden (Bio-)Baumwollhöschen mit waschbaren Einlagen zur Erhöhung der Saugfähigkeit, einem Wegwerfvlies und einem wasserundurchlässigen Überhöschen. Die Höschen verfügen über einen Klettverschluss, sind also ähnlich einfach zu handhaben wie Wegwerfwindeln. Es genügt vollkommen, sie mit 60 Grad zu waschen.

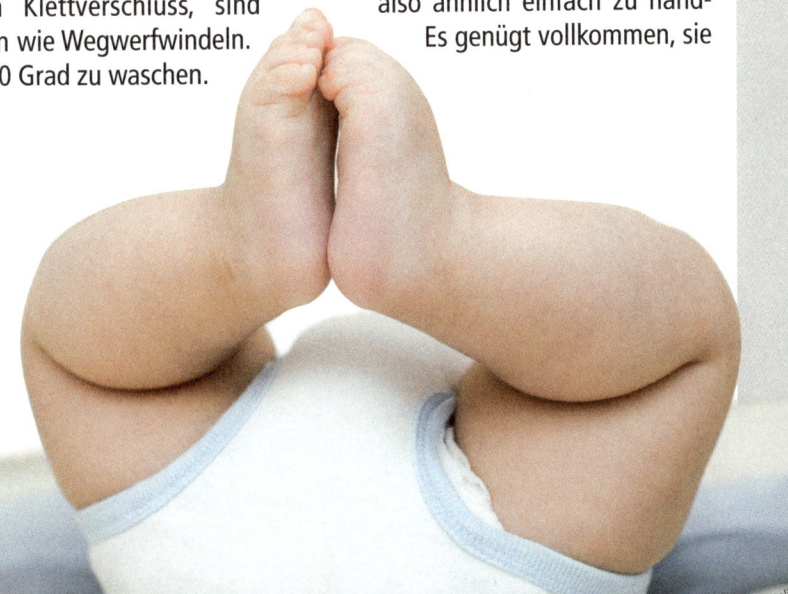

Parpalea Catalin/Shutterstock.com

Gesünder mit Mehrwegwindeln

Die waschbaren Windeln haben übrigens auch Vorteile für das Baby: Es wird breit gewickelt, was die gesunde Hüftentwicklung fördert. Die Haut kann außerdem in Stoffwindeln besser atmen. Durch die gute Luftdurchlässigkeit der Windel wird Pilzerkrankungen der Haut vorgebeugt. Und Stoffwindeln helfen dem Kind, den Zusammenhang zwischen einnässen und nass sein zu erkennen. Daher werden mit Stoffwindeln gewickelte Kinder erfahrungsgemäß früher sauber.

Öko-Windeln für unterwegs

Eine Alternative für unterwegs sind Einwegwindeln, die etwas umweltverträglicher sind: Sie bestehen meist zu einem großen Teil aus biologisch abbaubaren Materialien wie Bio-Kunststoff und chlorfrei gebleichtem, FSC-zertifiziertem Zellstoff.

Wisch und weg

In der Babypflege sehr beliebt sind Feuchttücher. Sie sind praktisch und handlich für unterwegs. Doch leider haben sie einen großen Nachteil: Sie erzeugen massenhaft Müll und enthalten darüber hinaus oft bedenkliche Duftstoffe, Konservierungsmittel und Emulgatoren. Duftstoffe haben in Feuchttüchern generell nichts verloren, da sie den empfindlichen Windelbereich reizen können; Konservierungsstoffe können Allergien auslösen. Feuchttücher, die als „sensitiv" oder „besonders sanft" deklariert werden, enthalten ebenfalls Konservierungsstoffe oder Tenside.

Garnet Photo/Shutterstock.com

Je weniger Feuchttücher verwendet werden, desto besser für die empfindliche Babyhaut – und für die Geldbörse. Außerdem spart es eine Menge Müll, denn Feuchttücher bestehen aus einem Polyester-Viskose-Gemisch und müssen mit dem Restmüll entsorgt werden, wie Elmar Schwarzlmüller von der Umweltberatung erklärt: „Die zunehmende Beliebtheit der Feuchttücher und die Tatsache, dass diese häufig über die Toilette entsorgt werden, führt zu einem deutlichen Mehraufwand und zu Problemen in Kläranlagen und im Kanalsystem. Die Feuchttücher lösen sich, wenn überhaupt, nur sehr langsam auf."

Zu Hause tun es auch feuchte Waschlappen, eventuell mit ein paar Tropfen Babyöl. Unterwegs können trockene Kosmetiktücher oder Vliestücher, die mit Wasser benetzt werden, Feuchttücher ersetzen. Eine Creme für den Po ist nicht unbedingt notwendig, sondern erst bei beginnender Rötung. Produkte aus rein pflanzlichen Ölen sind hier gefragt. Das Baby sollte auch möglichst oft ohne Windel den Po „auslüften" können. Bei einem wunden Po helfen Sitzbäder aus Eichenrinden-Sud.

Feuchttücher belasten die Umwelt

Empfindliche Babyhaut

Babyhaut ist bis zu fünfmal dünner und empfindlicher als die Haut von Erwachsenen. Da die Talgdrüsen ihre Funktion noch nicht voll entwickelt haben und die natürliche Hautregulation sich erst einstellen muss, sollten die speziellen Bedürfnisse der zarten Babyhaut beachtet werden. Flüssige Reinigungssubstanzen (Seifen, Badezusätze, Shampoos) enthalten oft Emulgatoren und Konservierungsstoffe, da sie anfälliger für Keime sind. Feste oder pulverförmige Pflegeprodukte wie etwa Seifenstücke sind grundsätzlich gesundheitsverträglicher als flüssige. In speziellen Babyseifen finden sich vergleichsweise weniger Inhaltsstoffe und mehr rückfettende Substanzen als in gewöhnlichen Seifen. Zur täglichen Reinigung genügen jedoch meist warmes Wasser und zwei Waschlappen – einer für den Körper und einer für den Po.

Bei Babys mit normaler Haut ist ein Nachfetten nach dem Baden nicht notwendig. Die Haut des Babys gewöhnt sich sonst an die Fettzufuhr von außen und die natürliche Hautregulation kann sich nicht einstellen. Für Babys mit trockener Haut eignet sich reines Pflanzenöl; Öle enthalten

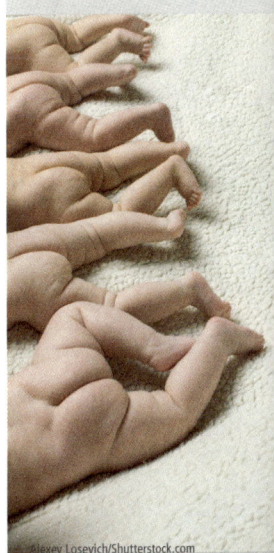

üblicherweise weniger unterschiedliche Inhaltstoffe als Cremen. Verzichten Sie auf Produkte mit hohem Paraffinanteil – sie verstopfen die Poren und behindern die Hautatmung.

Kontrollierte Naturkosmetik

Eine Alternative ist auch Naturkosmetik: Achten Sie auf Gütesiegel wie Austria Bio Garantie, Lacon, Demeter, BDIH, Ecocert oder NaTrue. Seit März 2010 steht ANC (Austria Naturkosmetik) für geprüfte Naturkosmetik. Bezeichnungen wie „natürlich" oder der Hinweis auf pflanzliche Inhaltstoffe reichen nicht für garantiert kontrollierte Naturkosmetik. Besser aufgestellt sind hier beispielsweise die Marken Weleda, Alverde und Lavera. Kontrollierte Naturkosmetik bedeutet:

- naturreine, ökologisch hochwertige Rohstoffe
- Umweltverträglichkeit der Wirkstoffe
- natürliche und naturidente Konservierungsstoffe
- keine synthetischen Duftstoffe, synthetischen Farbstoffe oder Silikone
- keine radioaktive Bestrahlung von Rohstoffen und Endprodukten
- gentechnikfreie Verarbeitung
- keine Tierversuche (strenger als das in der EU geltende Verbot)

Folgende **Labels** garantieren weitgehend tierversuchsfreie Kosmetik:

- HCS/Humane Cosmetics Standard (der „springende Hase")
- IHTK/Deutscher Tierschutzbund
- Veganblume
- BDIH Naturkosmetik

Abwaschbare Kosmetikprodukte können auch mit dem Österreichischen Umweltzeichen ausgezeichnet sein. Zu diesen Produkten zählen z.B. Seifen, Duschgels, Haarshampoos und Rasierprodukte. Schwerpunkt der Kriterien sind die Umwelteigenschaften der Inhaltstoffe und die

Goldkäfer – ein Beispiel

Für die zweifache Mutter Helena Böcksteiner war die erste Schwangerschaft der Auslöser für eine berufliche Veränderung. Bei der Anschaffung der Baby-Erstausstattung wurde sie stutzig. „Wenn ein Tragetuch hundert Euro kostet, das Material dafür um die halbe Erde transportiert wird und in einem Dritte-Welt-Land zu Billigstlöhnen erzeugt wurde, kommt man schon ins Nachdenken", erzählt die 33-Jährige. Böcksteiner ist für das Marketing in der Naturfabrik Ahorn und der Webfabrik Haslach im oberen Mühlviertel zuständig, dem Familienbetrieb ihrer Eltern. Das Unternehmen ist auf naturnahe und regionale Erzeugung von Stoffwaren und Matratzen spezialisiert. Nachdem sie mit der angebotenen Ware für Babys nicht glücklich war, entwickelte Böcksteiner ihre eigene Produktlinie. Den Namen dafür lieferte ihre Oma. „Sie hat alle Kinder ‚Goldkäfer' genannt", erzählt Böcksteiner. Schlafsäcke, Tragehilfen oder Kindermatratzen sind ökologisch und trotzdem erschwinglich. Achtzig Prozent davon kommen aus Österreich, die meisten aus der eigenen Näherei. Hier arbeiten zu 90 Prozent Frauen in verschiedenen Teilzeitmodellen.

Karin Hofbauer

„Unsere Mitarbeiterinnen sind selbst Mütter oder Omas und von ihnen kommen oft Ideen für neue Produkte. Wir nennen das den Naturfabrik-Mama-Bonus", so Böcksteiner. So kam eine Mitarbeiterin mit der Bindetechnik des Goldkäfer-Tragetuches nicht zurecht und entwickelte praktische Trageschlaufen, mit denen man sich das Binden erspart. Was nicht selbst hergestellt werden kann, etwa Kinderwagen, kommt von drei ausgewählten österreichischen Partnerbetrieben und einem portugiesischen Produzenten. Lauflernpatscherl werden in der Steiermark von einem Orthopädie-Schuhmacher in Handarbeit gemacht. Die Frottierwaren werden aus portugiesischer Baumwolle hergestellt – eine Rarität, da in Europa nur mehr wenig Baumwolle angebaut wird. Die Goldkäfer-Produkte sind vielfach naturfarben: Weniger Farbe bedeutet weniger Chemie. Auch Sonderanfertigungen sind in der Naturfabrik möglich, etwa eine neue Matratze für eine vererbte Wiege.

Verpackung. Aber es werden auch gesundheitliche Auswirkungen der Inhaltstoffe geregelt – es dürfen z.B. keine besonders allergieauslösenden Duftstoffe enthalten sein.

Aktuell ist leider noch kein im Einzelhandel erhältliches Kosmetikprodukt mit dem Österreichischen Umweltzeichen ausgezeichnet.

Kinderwagen im Test

Viele Kinderwägen sind schadstoffbelastet

Früher musste man einen Liegewagen und später – frühestens ab dem siebenten Monat – einen sogenannten Sportwagen anschaffen. Heute sind Kombis die Regel. Sie eignen sich vom Säuglings- bis zum Kleinkindalter von etwa dreieinhalb Jahren. Die Ausstattung besteht aus einer Tragetasche und einem Sitz, der zum Einsatz kommt, wenn das Kind größer ist; konkret, wenn es sich selbst aufsetzen kann. Kinderwagen erfüllen allerdings selten alle in sie gesetzten Erwartungen. Ein in der Zeitschrift KONSUMENT (Ausgabe 3/2015) veröffentlichter Test zeigte ein ernüchterndes Ergebnis. Von 14 getesteten Kinderwagen schnitt nur ein einziger gut ab. Ausgerechnet das teuerste Produkt, der Trailz von Stokke um 1.350 Euro, landete an der letzten Stelle. Viele Modelle engen Babys ein oder sind mit Schadstoffen belastet.

Tyler Olson/Shutterstock.com

Im Schiebergriff der ehemaligen norwegischen Nobelmarke, die inzwischen fest in südkoreanischer Hand ist, fanden die Prüfer kurzkettige Chlorparaffine. Sie machen Kunststoffe weich, stehen aber im Verdacht, Krebs zu erzeugen. Mütter nehmen den Schadstoff über die Haut auf und geben ihn etwa mit der Muttermilch an ihr Baby weiter. Stokke hat den Kinderwagen inzwischen zurückgerufen; allerdings nicht wegen der Schadstoffe, sondern wegen eines mechanischen Mangels – ein Verbindungsstück könnte brechen.

Auch andere Modelle sind mit Schadstoffen belastet, etwa Joolz. Hier enthält der Bezug polyzyklische aromatische Kohlenwasserstoffe (PAK), einer davon ist Naphthalin. Diese Substanz gelangt über die Haut in den Körper und kann vermutlich Krebs erzeugen. Geringe Mengen Chlorparaffin wurden auch in den Griffen des Bugaboo und des Maxi-Cosi gefunden.

Dass es auch anders geht, beweist die Marke Naturkind. Schurwolle statt Polyesterwatte polstert die Tragetasche, eine Echtholzplatte stützt den Rücken. Die Griffe bestehen aus Kork statt aus Kunststoff. Der Wagen von Naturkind war der einzige im Test, bei dem keinerlei Schadstoffe gefunden wurden. Allerdings erwies sich die Tragetasche als zu schmal; ein Mangel, der leider häufig anzutreffen ist: Die Tragetasche ist schon nach vier bis fünf Monaten zu klein. In dem Alter sind die meisten Kinder aber noch nicht reif für den Wechsel zu einer Sitzeinheit. Das beste Testergebnis erzielte der Kinderwagen von Britax.

Viele Eltern tragen ihre Kleinkinder auch gerne nahe am Körper, in Tragetüchern oder Babytragen. Experten sind sich einig, dass der intensive, regelmäßige Körperkontakt beim Tragen die Entwicklung eines Kindes und die Eltern-Kind-Beziehung positiv beeinflusst. Viele Eltern berichten zudem, dass ihre Babys dadurch ruhiger und ausgeglichener sind. Tragetücher aus fairem Handel gibt es z.B. bei EZA.

Babytragen stärken die Eltern-Kind-Beziehung

Eine Alternative zu neu gekauften Produkten, die oft in Billiglohnländern hergestellt werden und darüber hinaus mit Schadstoffen belastet sind, ist der Kauf oder Tausch von gebrauchten Waren, etwa in Secondhand-Läden oder über Tauschbörsen. Mehr dazu im Kapitel Teilen und Tauschen (▶ Seite 142).

Schadstofffreies Kinderzimmer

In Kinderzimmern sollte besonderes Augenmerk darauf gelegt werden, dass Boden, Möbelstücke und Textilien keine gefährlichen Substanzen enthalten. Die Umweltberatung empfiehlt:

- Als Wandfarben kommen Naturharzdispersion, Kalkanstriche, Leim-, Silikat- und Kaseinfarben infrage; bei Kunstharzdispersionen und Lacken sollte man auf deren chemische Bestandteile achten.

Am besten wählt man Produkte, die das Umweltzeichen tragen.

- Geeignete Bodenbeläge sind Linoleum, Kork, Vollholz (kein Laminat), Schafwolle oder Sisal.
- Vermeiden Sie Möbel aus Spanplatten oder Kunststoffen wie PVC. Oft sind nur die Vorderfronten aus Vollholz, man muss daher kontrollieren, ob nicht doch auch Spanplatten verarbeitet wurden.
- Variable Systeme, die mit dem Kind „mitwachsen" (Betten, Hochstühle, Schreibtische), sind zwar in der Anschaffung teurer, kommen aber letztlich doch billiger – nicht zuletzt sind sie umweltfreundlicher, weil sie nicht nach kurzer Zeit schon wieder auf dem Müll landen.

Holz und Holzprodukte mit dem Umweltzeichen

Umweltzeichen für nachhaltige Holzprodukte

Das Österreichische Umweltzeichen geht über das Kriterium nachhaltiger Waldnutzung hinaus. Es wird auch für die nachgelagerten Produktionsstufen die Einhaltung bestimmter Kriterien verlangt.

- Das Holz stammt überwiegend aus nachhaltiger Forstwirtschaft. Bei Recyclingholz oder Sägenebenprodukten müssen festgelegte Grenzwerte für Schadstoffe eingehalten werden.
- Holzprodukte enthalten keine umwelt- und gesundheitsgefährdenden Inhaltstoffe, auch nicht in den verwendeten Klebstoffen.
- Zur Oberflächenbehandlung werden nur umweltverträgliche Mittel verwendet, die das Innenraumklima nicht belasten und daher die Gesundheit weder gefährden noch beeinträchtigen.
- Eine Deklaration am Produkt oder ein Beiblatt informieren über eventuell verwendete Beschichtungen, Lacke oder andere Oberflächenbehandlungsmittel.

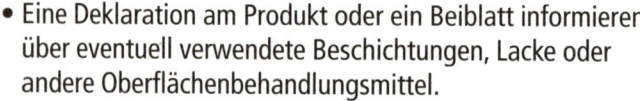

Auch andere Einrichtungsgegenstände, die das Umweltzeichen tragen, legen den Fokus auf nachhaltige Herstellung, z.B. Polstermöbel, Dämmstoffe und -platten oder Farben und Lacke (▶ Links).

Weitere Gütesiegel für nachhaltige Waldnutzung sind PEFC-, FSC- und Naturland-Siegel.

Ökologische Kindermöbel gibt es auch von den Marken GEA, Grüne Erde oder Team 7.

Was Sie tun können

- Verwenden Sie Mehrwegwindeln oder Ökowindeln.
- Schnuller und Sauger aus Latex sind nachhaltiger als solche aus Silikon.
- Verzichten Sie wenn möglich auf Feuchttücher und verwenden Sie stattdessen feuchte Waschlappen.
- Viele der für Babys angebotenen Pflegeprodukte sind schlicht und einfach nicht notwendig. Lassen Sie sich von der Werbung nicht irreführen!
- Greifen Sie zu Naturkosmetik-Produkten.
- Kaufen oder tauschen Sie gebrauchte Babysachen wie Kleidung, Bettchen oder Kinderwagen.
- Achten Sie bei der Auswahl von Wandfarben und Lacken auf seriöse Gütesiegel und Produkttests.
- Wenn Sie lösungsmittelhaltige Lacke in Innenräumen verwenden, ist gründliches Lüften währenddessen und danach angesagt.
- Kaufen Sie Secondhand-Möbel. Das trägt nicht nur zur Ressourcenschonung bei, auch etwaige Schadstoffe sind bereits ausgedampft.

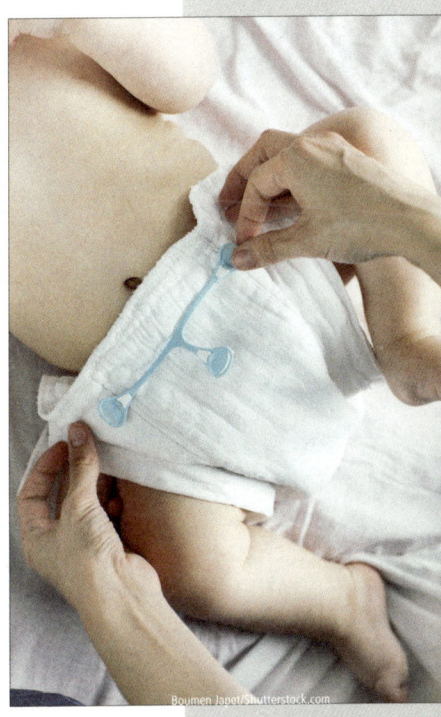

Boumen Japet/Shutterstock.com

„Gebraucht ist gut genug"

Sandra Dorfner-Rösel, Mutter einer sieben Monate alten Tochter, möchte mit ihrem Lebensstil ein Zeichen gegen den vorherrschenden Konsumwahn setzen. Die 37-Jährige wehrt sich gegen das „Überangebot" an Babyprodukten und kauft nur das Notwendigste, am liebsten Secondhand-Ware. „Einen Kinderwagen braucht man nicht länger als ein Jahr – dafür soll ich Hunderte von Euros ausgeben?" Rösel und ihr Mann fanden einen gebrauchten Kinderwagen und andere Babyprodukte bei der Online-Börse willhaben.at und betonen, dass es ihnen dabei in erster Linie um den Umweltgedanken gehe. Das Geld, das sie sparen, zahlen sie für ihre Tochter auf ein Sparbuch ein. Ebenso halten sie es mit Geschenken ihrer Familie: „Statt Unmengen an Spielsachen zu kaufen, die in Billiglohnländern produziert werden, bitten wir sie, das Geld lieber auf Annas Sparbuch einzuzahlen." Hin und wieder versucht sich Dorfner-Rösel auch an selbst Gebasteltem: „Vor Kurzem habe ich ein Kirschkernkissen genäht." In ihrem hauseigenen Garten in Korneuburg pflanzt die Jungfamilie Gemüse für den Eigengebrauch an. „Kürbis, Zucchini, Erdäpfel oder Karotten verwende ich zum Zubereiten der Babynahrung. Mir ist es wichtig, zu wissen, woher unser Essen kommt."

Aus eigener Erfahrung

Quietschvergnügt und mit hoch erhobenem Popsch

Wir entschieden uns bei unserer Tochter für die geförderten Mehrwegwindeln, weil wir Müllberge vermeiden wollten. Anfangs ist die Handhabung vielleicht gewöhnungsbedürftig – vor allem, wenn man bisher Wegwerfwindeln benutzt hat. Aber nach einigen Wickelversuchen hatten mein Mann und ich die Sache im Griff. Amelies Popo war zwar mit der Windel ein bisschen voluminöser als mit einer herkömmlichen, aber das hinderte sie nicht daran, quietschvergnügt und mit hocherhobenem Popsch durch die Wohnung zu robben. Da es uns für unterwegs einfacher erschien, hatten wir zusätzlich immer einige Wegwerfwindeln dabei – prinzipiell ist es aber kein Problem, die Mehrwegwindeln auch außer Haus zu verwenden. Nachdem unsere Tochter dem Windelalter entwachsen war, verkauften wir das Windelset weiter – und sparten uns auf diese Weise noch ein paar zusätzliche Euros.

Links

www.biologisch.at > Bio-Verzeichnis > Bio-Mode > Baby- und Kinderartikel www.jooloomooloo.com www.puenktchen-und-anton.at www.lou.co.at	**Babykleidung und -ausstattung**
www.umweltberatung.at > Suchbegriff: Windelgutschein www.verein-wiwa.at	**Windelgutschein**
www.weleda.at/familie/baby www.lavera.de/natuerliche-pflege/baby-kinderpflege www.meindm.at/marken/alverde	**Naturkosmetik fürs Baby**
www.naturfabrik.at/goldkaefer-babyprodukte	**Goldkäfer**
www.konsument.at > Suchbegriff: Kinderwagen	**KONSUMENT-Test Kinderwagen (3/2015)**
www.britax-roemer.de/kinderwagen www.naturkind-kinderwagen.de	**Kinderwägen**
www.team7.at/de/kind	**Mitwachsende Kindermöbel**
www.auro.at	**Naturwandfarben**
www.grueneerde.com > Schlafen > Kindermatratzen	**Kindermatratzen**
http://w4tler.at > Produkte > Kindermöbel	**GEA**

Zeigt her eure Kleider, zeigt her eure Schuh´!

Gerade bei Kinderkleidung zahlt es sich aus, über Herstellungsbedingungen und den Einsatz von Chemikalien Bescheid zu wissen.

Miserable Arbeitsbedingungen

April 2013: Beim Einsturz der baufälligen Textilfabrik Rana Plaza in Savar, Bangladesch, sterben 1.133 Menschen, über 2.400 werden verletzt. Wenige Monate davor waren beim Brand einer Fabrik in Tazreen 112 vorwiegend weibliche Arbeiter ums Leben gekommen. Textilmarken wie KiK, C&A, Mango oder Benetton hatten in diesen Fabriken produzieren lassen.

Die Katastrophen von Rana Plaza und Tazreen waren nur die Höhepunkte einer Reihe von Vorfällen in der Textilindustrie. Auch ohne Todesfälle sieht es für Textilarbeiterinnen (90 Prozent der Beschäftigten sind Frauen) düster aus: Vor allem in asiatischen Ländern wie Bangladesch sind Löhne unterhalb der Armutsgrenze, das Verbot gewerkschaftlicher Organisierung, 12-bis-18-Stunden-Tage ohne Pause, 70 Stunden in der Woche die Regel, Kinderarbeit sowie mangelhafte Sicherheitsvorkehrungen an der Tagesordnung. Große Unternehmen wie H&M,

paul prescott/Shutterstock.com

KiK, New Yorker & Co lassen ihre Produkte zu Billigstpreisen in Bangladesch produzieren. Bei Firmenchecks der Clean Clothes Kampagne schneiden die allermeisten Hersteller mittelmäßig bis ungenügend ab, einige wenige wie Zara oder Tchibo sind „auf einem guten Weg". Dass der Preis eines Kleidungsstücks nichts darüber aussagt, wie fair es in der Produktion zugeht, belegen Berechnungen und Schätzungen über die Wertschöpfungsstruktur. Egal ob es sich um ein T-Shirt, ein Paar Jeans oder um Kinderschuhe handelt, die Arbeiter bekommen in der Regel nicht einmal ein Prozent des Endverbraucherpreises als Lohn ausbezahlt. Den Großteil streifen die Markenfirmen und die Handelskonzerne ein.

Arbeiter verdienen ein Prozent des Endverbraucherpreises

Wussten Sie dass ...

... auch die Herstellung von Kleidung in Europa keine Garantie für bessere Arbeitsbedingungen ist (gewisse soziale Mindeststandards werden in der Regel aber eingehalten)? Laut Clean Clothes Kampagne werden Arbeiter in Polen und Tschechien, die für Calvin Klein, Schiesser und Hugo Boss produzieren, mit Armutslöhnen abgespeist.

Clean Clothes Campaign

Bewusstsein erwacht

Immerhin kam nach dem Einsturz der Textilfabrik Rana Plaza Bewegung in die Bekleidungsbranche. 70 Unternehmen, darunter Textilriesen wie H&M, C&A, Benetton, aber auch Handelsketten wie Tchibo, Hofer oder Rewe unterschrieben ein Abkommen für Gebäudesicherheit und Brandschutz. Andere, wie die US-amerikanischen Konzerne Gap und Walmart und die europäischen Unternehmen Charles Vögele und Tally Weijl, verweigerten die Teilnahme. „Das Abkommen ist zweifellos ein Meilenstein für die Bekleidungsindustrie in Bangladesch", sagt Michaela Königshofer von der Clean Clothes Kampagne. „Die Firmen unterzeichnen damit ein transparentes, rechtlich bindendes Abkommen, das die lokalen Gewerkschaften einbindet und die Unternehmen finanziell an den Sanierungen der Fabriken beteiligt." Das Abkommen umfasst unabhängige Sicherheitsinspektionen, verpflichtende Reparaturen und Renovierungen, die Möglichkeit, Geschäftsbeziehungen mit den Fabriken zu beenden, wenn diese notwendige Sicherheitsmaßnahmen ablehnen, sowie die Involvierung der betroffenen Arbeiterinnen und Gewerkschaften. Ein Kernstück des Abkommens ist die Kostenbeteiligung: Die Unternehmen verpflichten sich dazu, für Instandhaltungskosten in ihren Zulieferbetrieben aufzukommen und damit die Arbeitsplätze sicherer zu machen. Das Abkommen garantiert den Arbeitern auch das Recht, gefährliche Arbeit zu verweigern, wie es die ILO Konvention 155 vorsieht. Die Clean Clothes Kampagne übernimmt eine Beobachterrolle.

Erst zwei Jahre nach dem Unglück konnte durch eine anonyme Einzahlung von 2,4 Mio. USD die vollständige Finanzierung der Entschädigungen für die Opfer von Rana Plaza gewährleistet werden.

Abkommen für bessere Bedingungen in der Bekleidungsbranche

Welches Gütesiegel ist vertrauenswürdig?

- Der **Global Organic Textile Standard** (GOTS) ist das momentan anspruchsvollste Label für den Massenmarkt – neben Umwelt-freundlichkeit im gesamten Produktionsprozess werden auch soziale Standards geprüft.
- Die Naturtextil-Branche hat ein eigenes Siegel, **IVN Best** – es garantiert das aktuell maximal umsetzbare Niveau an Textil-ökologie. So dürfen nur Fasern aus kontrolliert biologischem Anbau verwendet werden, auch bei Knöpfen oder Reiß-verschlüssen gibt es strenge Auflagen.
- **Fairtrade**-Mode stammt oftmals aus biologischem Anbau, aber nicht immer. Wäre der faire Handel von Anfang an mit „bio" verknüpft, würden damit viele der ärmsten Bauernfamilien vom fairen Handel ausgeschlossen. Deshalb verfolgt Fairtrade eine Strategie, die Produzentenorganisationen bei der Umstellung auf nachhaltige Landwirtschaft fördert.
- Das **Österreichische Umweltzeichen** für Textilien hat ebenfalls ein anspruchsvolles Niveau, lässt jedoch unter bestimmten Bedingungen Kunstfasern zu. Bis Anfang 2016 gab es aber noch kein zertifiziertes Produkt. Das **Bio-Zertifikat** für Baumwolle garantiert ausschließlich den ökologischen Anbau der Faser – über die Weiterverarbeitung bis hin zum fertigen Kleidungsstück sagt es nichts aus!
- Noch weniger aussagekräftig ist das weitverbreitete Siegel **Oeko-Tex Standard 100**: Es bestätigt lediglich, dass das End-produkt frei von Schadstoffen ist, nicht aber, dass bei der Produktion keine Schadstoffe eingesetzt wurden. Die Grenzwerte gehen überdies laut Greenpeace nur geringfügig über die gesetzlichen Anforderungen hinaus.

TEXTILES VERTRAUEN
Geprüft auf Schadstoffe
nach Oeko-Tex® Standard 100
00000000   Institut

Die Siegel der großen Ketten wie C&A oder H&M garantieren immerhin die Verwendung von Bio-Baumwolle.

Die **Fair Wear Foundation** (FWF) ist eine aus den Niederlanden stammende „Multistakeholder Initative" mit dem Ziel, die Arbeitsbedingungen in der Bekleidungsindustrie zu verbessern. Diese niederländische Initiative zeichnet Textilfirmen aus, die sich an die Richtlinien für Arbeitsbedingungen der International Labour Organization (ILO) halten. Viele große Bekleidungsunternehmen sucht man auf der Homepage der FWF vergeblich, andere wie Hess Natur, Jack Wolfskin oder Takko sind Mitglieder (▶ Links am Kapitelende).

Made in Austria?

Konsumenten, die wissen wollen, wo ein Kleidungsstück hergestellt wurde, haben es nicht leicht: Es gibt in Österreich und EU-weit keine verpflichtenden Herkunftsangaben. Bei Mode „Made in Austria" zählt nur die letzte wesentliche Verarbeitungsstufe: „Für eine ‚Made in Austria'-Kennzeichnung muss lediglich die Konfektionierung eines Bekleidungsteiles (Zuschneiden, Zusammennähen) in Österreich erfolgen", erklärt Eva-Maria Strasser vom Fachverband Textilindustrie, Berufsgruppe Bekleidung. „Das sagt allerdings nichts über die Herkunft des Stoffes aus." Laut Strasser lassen österreichische Unternehmen zu 80 Prozent in Osteuropa fertigen, einige wenige wie Triumph, Tostmann oder JMB Fashion in Österreich selbst. „Österreichische Marken bieten keine Massenware, sondern Nischenprodukte wie Trachten oder Sportbekleidung mit hoher Qualität", ergänzt Strasser.

Pläne der EU, eine „Made in ..."-Kennzeichnung nur noch zu erlauben, wenn mindestens 45 Prozent der Wertschöpfung aus diesem Land stammen, liegen auf Eis. Das 2004 eingeführte, freiwillige Label „Made in the EU" wird in erster Linie von osteuropäischen Ländern verwendet.

Gigantische Umweltauswirkungen

Mit einem Mengenanteil von etwa 75 Prozent ist Baumwolle die mit Abstand am häufigsten eingesetzte Naturfaser für Textilien jeder Art. Doch Anbau und Weiterverarbeitung der alten Kulturpflanze haben dramatische Auswirkungen auf Mensch und Natur.

- Der Anteil von Baumwolle an der weltweiten Anbaufläche beträgt nur 2,5 Prozent, für die Baumwollproduktion werden jedoch 25 Prozent aller weltweit eingesetzten Pestizide und 8 bis 10 Prozent der chemischen Düngemittel eingesetzt.
  - Die Weltgesundheitsorganisation (WHO) schätzt, dass jährlich 20.000 Menschen, die in der Baumwollproduktion in Entwicklungsländern tätig sind, an einer Vergiftung durch Pestizide sterben; weitere 25 Millionen Menschen jährlich erleiden akute Vergiftungen durch den Kontakt mit Pestiziden.
- Für die Herstellung eines einzigen(!) Baumwoll-Shirts werden 2.700 Liter Wasser benötigt.
- Nach der Färbung werden 20 Prozent der Färbemittel in die Kanalisation oder in lokale Gewässer geleitet. Durch die globale Textilindustrie gelangen auf diese Weise jährlich 40.000 bis 50.000 Tonnen Färbemittel in das Wassersystem der Produktionsländer.

Im Rahmen der Detox-Kampagne (detox: englisch für entgiften) hat Greenpeace einige der weltweit bekanntesten Kleidungsmarken dazu aufgefordert, mit ihren Zulieferfirmen zusammenzuarbeiten, um die Vergiftung des Wassers durch schädliche Chemikalien zu stoppen. Der Hintergrund: Bis zu 70 Prozent aller Flüsse, Seen und Sammelbecken in China sind von Wasserverschmutzung betroffen. Greenpeace hat Zusammenhänge zwischen mehreren bedeutenden Kleidermarken und Textilfabriken in China aufgedeckt, die gefährliche Chemikalien in Flüsse freisetzen; viele davon sind langlebig und hormonell wirksam. Bisher erklärten sich 23 globale Kleidungsunternehmen und 6 italienische Zulieferer bereit, Gift aus ihrer Mode zu verbannen. Weitere Untersuchungen von Greenpeace zeigten, dass Käufer weltweit kontaminierte Kleidung

Enormer Einsatz von Pestiziden in der Baumwollproduktion

Valentina Razumova/Shutterstock.com

kaufen und damit unbewusst die Wasserverschmutzung vergrößern, wenn sie ihre neue Kleidung waschen. Von den 78 im zweiten „Schmutzige Wäsche"-Report untersuchten Produkten wurden 52 positiv auf Nonylphenol Ethoxylate (NPE) getestet. Für den dritten Teil des Reports wurden 14 der 78 zuvor untersuchten Proben gemäß den simulierten Standardbedingungen einer Haushaltswäsche untersucht. Durch das Waschen von in Asien gefertigten Kleidungsstücken internationaler Marken wird ein signifikanter Anteil dieser Chemikalien freigesetzt und in Flüsse, Seen und Meere geleitet. Nonylphenole sind innerhalb der Textilindustrie in Reinigungs- und Färbeprozessen weit verbreitet. Sie sind giftig für Wasserorganismen, werden in der Umwelt kaum abgebaut und können sich im Körpergewebe anreichern und über die Nahrungskette konzentrieren (Biomagnifikation).

Chemikalien gelangen beim Wäschewaschen ins Abwasser

Was Sie tun können

- Orientieren Sie sich an den Ethik-Tests der Zeitschrift KONSUMENT oder informieren Sie sich auf den Websites der Fair Wear Foundation sowie der Clean Clothes Kampagne über Textilunternehmen, die sich einer fairen und sozialen Produktion verschrieben haben.
- Kaufen Sie gebrauchte, mehrmals gewaschene Kleidung, sie enthält meistens keine Chemikalien mehr.
- Stöbern Sie auf Kinderflohmärkten.
- Tauschen Sie mit befreundeten Familien Kleider und Schuhe aus.
- Auch upgecycelte Mode ist nachhaltiger als neu gekaufte.
- Seien Sie kreativ und nähen oder stricken Sie die Kinderkleidung selbst (▶ Links).
- Zeigen Sie Ihr Interesse an fair produzierter Kleidung, indem Sie Fragen nach Produktionsbedingungen an das Personal und Management Ihrer bevorzugten Bekleidungsgeschäfte richten, z.B. auch über Social-Media-Plattformen wie Facebook.

Melica/Shutterstock.com

Sozial, ökologisch, fair: grünerschatz

Die Oberösterreicherin Pia Panknin-Kepplinger gründete die Marke grünerschatz, als sich ihr Sohn ankündigte und sie begann, sich mit dem Thema Kinderkleidung und Alternativen zur herkömmlichen Produktion auseinanderzusetzen. „Recherchen zum Thema Mode machten mich sehr nachdenklich", sagt die Jungunternehmerin. „Wenn wir etwas verändern wollen und dabei auch an die Zukunft denken, in der unsere Kinder leben werden, dann dürfen wir nicht erst morgen handeln." Die erste Kollektion mit dem Namen „pssst!" bietet Kinderkleidung aus Bio-Baumwolle für Drei- bis Achtjährige. Die Baumwolle für grünerschatz-Produkte stammt aus kontrolliert biologischem Anbau, für die Druckmotive wird ausschließlich GOTS-zertifizierte Drucktinte verwendet. Panknin-Kepplinger arbeitet unter anderem mit Stanley & Stella zusammen, einem belgischen Unternehmen, das gerechte Entlohnung und menschenwürdige Arbeitsbedingungen in der Herstellung garantiert. Ihre Kinderkleidung lässt sie in Linz im sozialökonomischen Betrieb SMA herstellen.

Upcycling-Mode: OttO und AnnA

Hinter OttO und AnnA sind WiederGut stehen die Schneiderin Gisela Stramitzer und die Architektin Lenka Weiss. OttO und AnnA steht für Upcycling, das Wiederverwerten von bereits getragenen Textilien zu neuen Kleidungsstücken. OttO ist die Hose, AnnA der Rock; die Kleidungsstücke werden aus alten Sweatshirts hergestellt, für den Winter auch aus Wollpullis und für den Sommer aus leichten Hemdstoffen. „Dazu entwerfen wir laufend neue Upcycling-Kleidungsstücke für Damen und für Kinder", ergänzt Stra-

mitzer. Die Textilien beziehen die Unternehmerinnen von karitativen Unternehmen wie Caritas und Contrapunkt und unterstützen diese damit finanziell. „Bei uns gibt es auch die Möglichkeit von Spezialanfertigungen", ergänzt Stramitzer. „Aus dem alten Lieblingspulli von Mama, Papa, Oma oder Opa zaubern wir für die lieben Kleinen einen neuen OttO oder eine neue AnnA." Neben dem Nachhaltigkeitsaspekt legen die Designerinnen Wert darauf, dass die Teile für Kinder besonders bequem sind. Die Kleidungsstücke werden in einer Kärntner Schneiderei gefertigt.

Schuhe: das Unheil der Chrom-Gerbung

60 Prozent aller Schuhe werden heute in China gefertigt, der Trend geht zur Auslagerung der Produktion in weitere Billiglohnländer wie Äthiopien. Die hohe Abgabenlast auf Arbeit ist der Hauptgrund dafür, dass in den letzten dreißig Jahren fast alle Schuherzeuger in Österreich (in Deutschland und in der Schweiz ist das nicht anders) zusperren mussten. Rund zwei Prozent von dem, was ein Paar Schuhe hierzulande kostet, bekommt die Näherin für die Herstellung.

Informationen über die Produktionsbedingungen bei Schuhen sind kaum verfügbar. Einer der wenigen Berichte, die an die Öffentlichkeit gelangten, war ein Report im Testmagazin KONSUMENT (Ausgabe 4/2012). Die Clean Clothes Kampagne möchte nun unter dem Motto „Change your Shoes" verstärkt den Zusammenhang zwischen unserem Einkaufsverhalten und den Arbeitsbedingungen in den Produktionsländern aufzeigen. Menschen in den Gerbereien der Billiglohnländer sind krebserregenden Stoffen oft direkt ausgesetzt. Gesundheitsschädliche Chemikalien, die in der Gerbung eingesetzt werden, bleiben nicht in den Produktionsstätten zurück. Über die Schuhe und das Leder gelangen sie an die Füße von europäischen Konsumenten. Eine 2012 veröffentlichte Studie des dänischen Umweltministeriums zeigte auf, dass 44 Prozent der getesteten Schuhe Chrom VI enthielten – es verursacht Krebs und schädigt das Erbgut. Außerdem sind bei empfindlichen Personen Hautschäden durch Allergien möglich.

Chrom schädigt Gesundheit und Umwelt

Das Gerben von Leder zählt überhaupt zu den schmutzigsten Industriezweigen der Welt. Zu 80 bis 85 Prozent wird mit Chrom gegerbt, obwohl es weniger umweltschädliche Methoden gäbe. Am schlimmsten ist es in Indien, Bangladesch und Nepal: 40 Prozent der Gerbereiarbeiter leiden an Hautkrankheiten, Asthma oder anderen durch Chemikalien bedingten Krankheiten. In der Umgebung von indischen Gerbereien wurden sowohl im Grundwasser als auch im Boden starke Konzentrationen von Chrom (auch des hochgiftigen Chrom VI) nachgewiesen. Im Endprodukt, den Schuhen, finden sich auch Arsen, Blei und Quecksilber.

tomertu/Shutterstock.com

Umweltzeichen

Dass faire Produktionsstandards und Transparenz möglich sind, zeigt das neue Österreichische Umweltzeichen für Schuhe. Die Kriterien sind streng. Neben der Erfüllung umfangreicher Umweltauflagen wird auch auf die Einhaltung sozialer Mindeststandards geachtet. So gehören die Kernarbeitsnormen der International Labour Organization (ILO) zum Kriterienkatalog, aber auch das Vorliegen schriftlicher Arbeitsverträge oder die Zahlung existenzsichernder Löhne. Im Umweltbereich wird nicht nur chromfreie Gerbung verlangt, sondern auch der Verzicht auf PVC oder giftige Farbstoffe; der Einsatz anderer Problemstoffe muss auf ein Minimum begrenzt werden. Eine lange Haltbarkeit gehört ebenso zu den unverzichtbaren Bedingungen. Die Kriterien folgen einem ganzheitlichen Ansatz, von der Herkunft der Ausgangsmaterialien bis hin zur Endfertigung. Bis Redaktionsschluss war erst ein Schuhmodell der Marke Think mit dem Umweltzeichen ausgezeichnet.

Strenge Auflagen beim Umweltzeichen für Schulen

Get Changed!

Get Changed!, ein Netzwerk für faire Mode, hat für seinen Good Shoe Guide über 40 Firmen befragt, die eigenen Aussagen zufolge großen Wert auf ökologische und soziale Aspekte der Produktion legen. Auffällig ist: Fast alle der Firmen im Good Shoe Guide stellen ihre Schuhe in Europa her, oftmals im eigenen Atelier. Bei der Produktion in Deutschland oder Großbritannien kann man auch ohne Zertifikat relativ sicher sein, dass die Arbeitsbedingungen europäischen Standards entsprechen, wenn auch nicht immer alle Gesetze eingehalten werden. Zudem gilt in allen EU-Ländern die REACH-Verordnung, welche die Verwendung besonders toxischer Stoffe verbietet.

Rebell aus dem Waldviertel

Die Waldviertler Schuhwerkstatt (GEA) wurde 1994 als Sozialprojekt ge-
gründet und ist eine der letzten Produktionsstätten für Schuhe in Europa.
Firmenchef Heinrich Staudinger beschäftigt rund 70 Menschen – für die strukturschwache Region ein wichtiger Im-
puls. 40 Prozent der heimischen Schuhmacherlehrlinge
sind laut Firmenangaben bei GEA beschäftigt. Für GEA
spricht der teilweise Verzicht auf Chromgerbung (kein
Chrom VI), vor allem aber die regionale Produktion – in
Europa. „Da die Produktion in Österreich immer teurer
geworden ist, haben wir einen Teil davon nach Ungarn
und Tschechien ausgelagert", ergänzt Staudinger. Das
(Kuh-)Leder kommt aus Deutschland und der Türkei. „Ich
habe die türkische Gerberei persönlich besucht, um mir ein Bild
davon zu machen."
　　Bekannt ist der Oberösterreicher auch für seine Sozialprojekte. Im
Zuge des „Mama Waldviertel"-Projektes lädt Staudinger jeden Sommer
alleinerziehende Mütter mit ihren Kindern auf einen einwöchigen Urlaub
in die Räume der GEA-Akademie ein. Die „Formel Z" ist Staudingers
Antwort auf die steuerliche Begünstigung großer Unternehmen. „Wenn
Red Bull für seinen Formel-1-Rennstall mehr als 300 Millionen Euro im
Jahr ausgibt, kann die Firma das von der Steuer absetzen", so der Unternehmer. „Wenn wir aber einer alleinerziehenden Mutter den Monatslohn
um 100 Euro erhöhen, dann kostet das unserer Firma, inklusive aller
Dienstgeberabgaben, 131 Euro im Monat. Die Mutter bekäme davon
allerdings nur 52 Euro." Bei der Formel Z gehen die Kinder der GEA-Mit-
arbeiterinnen an den Start – auf Tretrollern und Fahrrädern. Die „Preis-
gelder" sind steuerfrei. Mit dieser Aktion protestierte Staudinger auch
gegen seinen jahrelangen Konflikt mit der Finanzmarktaufsicht, die den
Unternehmer wegen privater Kredite belangte: „Großunternehmen wie
IKEA müssen für ihre Milliardengewinne nur einen Bruchteil an Steuern
bezahlen. Warum treiben die Gerichtsvollzieher nicht dort ihr Geld ein?"
Staudingers Initiative ist es mit zu verdanken, dass das Alternative
Finanzierungsgesetz verabschiedet wurde, das rechtliche Rahmenbedingungen für die Schwarmfinanzierung (Crowdfunding) schafft.

Staudinger
protestiert
gegen Steuer-
begünstigungen

Aus eigener Erfahrung

Stöbern auf Flohmärkten oder in Secondhand-Läden gehört zu meinen Lieblingsbeschäftigungen, und auch meine elfjährige Tochter ist bereits auf den Geschmack gekommen. Sie liebt es genauso wie ich, in Kleiderbergen zu wühlen, um ein passendes Stück zutage zu fördern. Gebrauchte Schuhe zu finden, die in einem guten Zustand sind und die richtige Größe haben, ist nicht ganz so einfach. Da Amelie in den letzten Jahren unglaublich schnell gewachsen ist, zahlt es sich für uns auch nicht aus, jedes Jahr viel Geld in ökologische Schuhe zu investieren. Hin und wieder bekommt sie übertragene Schuhe von einer Freundin. Mein 17-jähriger Sohn dagegen bevorzugt neu gekauftes Gewand und hat sich in den letzten Jahren zum Modeexperten entwickelt, der sich auch gerne über die Produktionsbedingungen von Herstellern informiert.

Flohmarkt-stöberer

„Tauschmärkte nutzen"

„Bio-Kleidung ist leider nicht gerade günstig, daher kaufen wir oft in Secondhand Geschäften ein oder nutzen Tauschmärkte", erzählt Sonia May. Vor Einkäufen zieht May gerne Berichte und Tests, nicht zuletzt von KONSUMENT, zu Rate: „Die Ergebnisse sind zum Teil erschütternd und ernüchternd." Vor zehn Jahren übersiedelte die Kunsthistorikerin mit ihrem Mann von Wien nach Tirol und genießt dort den eigenen Garten. „Erst kürzlich haben wir auf Wunsch unseres Sohnes Moritz einen Apfelbaum und einen Marillenbaum gepflanzt, dazu gibt es noch zehn Himbeersträucher aus Bio-Anbau." Mit dem Sechsjährigen unterhält sie sich auch über die Bedeutung von Bienen und überlegt, einen Bienenstock anzumieten: „Ich erkläre Moritz, warum sie so wichtig sind und weshalb es nur mehr so wenige Bienen gibt." Bio-Eier und Bauernbrot werden beim benachbarten Bauern gekauft, aus dem Supermarkt kommen Bio-Waschmittel und -Shampoos. Auch bei der Mobilität achtet die Familie auf Nachhaltigkeit: „Wir fahren ein Erdgas-Auto und fliegen so wenig wie möglich." Für einen Besuch bei ihren Eltern steigt die gebürtige Luxemburgerin allerdings notgedrungen in ein Flugzeug. „Mit dem Zug ist das eine zwölfstündige Angelegenheit mit drei bis vier Mal umsteigen, und über die Renn-Autobahnen in Deutschland fahre ich nicht so gerne."

Kleidungsstücke, aus denen die zwei rausgewachsen sind, verschenken oder spenden wir an Organisationen wie Caritas oder Rotes Kreuz; als im vergangenen Jahr ein Strom von Flüchtlingen Wien erreichte, fuhr ich mit meiner Tochter und einem Koffer voll Gewand zum Hauptbahnhof, um es dort abzugeben.

Links

http://cleanclothes.at	**Clean Clothes**
http://cleanclothes.at/de/firmen-check	**Firmencheck**
www.greenpeace.org/austria > Suchbegriff: Fashionguide	**Mode-Ratgeber Greenpeace**

Aniriana/Shutterstock.com

Detox-Kampagne	www.greenpeace.org/austria > Suchbegriff: Detox
GOTS-Siegel	www.global-standard.org/de
Fair Wear Foundation: Mitgliederliste	www.fairwear.org > your shoppinglist
grünerschatz	www.grünerschatz.at
OttO und AnnA	www.ottoundanna.at
Stanley & Stella	www.stanleystella.com
Hess Natur	www.hessnatur.com
Change your Shoes Kampagne	http://cleanclothes.at > Schuhe
Umweltzeichen Schuhe	https://www.umweltzeichen.at > Produkte > Textilien/Schuhe
Schuhe aus österreichischer Produktion	www.hartjes.at www.thinkshoes.com http://w4tler.at > Schuhe
Kleidung selber machen	http://naehinsel.blogspot.co.at www.stricken.de http://kindersachen-selbermachen.de www.vhs.at > Suchbegriff: Nähen

Essen und Trinken

Gerade bei den Kleinsten können wir die Weichen für eine gesunde und nachhaltige Ernährung stellen: vom Stillen über selbst zubereitete Babynahrung bis zu Bio-Produkten.

Nichts ist nachhaltiger als Muttermilch

Muttermilch – Wunder der Natur

Der erste Reflex eines neugeborenen Kindes ist es, die Brust der Mutter zu suchen. Muttermilch ist ein Paradebeispiel für nachhaltige Ernährung: Sie ist natürlich, bietet dem Baby alle Inhaltstoffe, die es braucht, produziert sich von selbst und hinterlässt keinen Verpackungsmüll. Auch die Nachhaltigkeitskriterien in Bezug auf Regionalität und Saisonalität werden bestmöglich erfüllt. Die Vorteile des Stillens für Mutter und Kind:

- Muttermilch enthält alle lebensnotwendigen Nährstoffe für die optimale Entwicklung des Babys und ist dem jeweiligen Alter des Kindes angepasst. Sie ist so zusammengesetzt, dass die Nährstoffe bestmöglich aufgenommen werden können.
- Muttermilch enthält viele Abwehrstoffe, die das Immunsystem des Babys stärken. Gestillte Kinder sind seltener krank.
- Stillen verringert die Wahrscheinlichkeit, dass das Kind später übergewichtig wird oder an Allergien, Herz-Kreislauf-Erkrankungen oder Diabetes leidet.
- Muttermilch steht jederzeit in der richtigen Temperatur und hygienisch einwandfrei zur Verfügung.
- Stillen fördert die optimale Entwicklung aller Sinne.
- Stillen fördert die Rückbildung der Gebärmutter.
- Stillen vermindert das Risiko für SIDS (Plötzlicher Kindstod).
- Die beim Stillen ausgeschütteten Hormone wirken entspannend und tragen dazu bei, dass Mutter und Kind ihre Beziehung festigen können.

Zudem geht aus Berichten der American Academy of Pediatrics (AAP) hervor, dass sich bei stillenden Frauen das Risiko für Eierstock- und Brustkrebs reduziert. Und nicht zuletzt spart Stillen Geld! Die Weltgesundheitsorganisation WHO empfiehlt, die ersten sechs Lebensmonate des Kindes ausschließlich zu stillen. „Ausschließlich" bedeutet, dem Kind keine andere Nahrung oder Flüssigkeit außer Muttermilch (auch kein Wasser) zu geben. Jede Frau sollte jedoch – natürlich auch in Absprache mit ihrer Familie – für sich selbst entscheiden, ob und wie lange sie stillen möchte. „Das persönliche Wohlbefinden der Mutter steht dabei im Vordergrund", erklärt Anja Harnisch, Stillberaterin und Präsidentin der La Leche Liga Österreich. „Wir beraten und begleiten Frauen während dieser Zeit und bieten, sollte es gar nicht klappen, auch Abstillberatungen an." Manche Frauen entscheiden sich aus gesundheitlichen oder beruflichen Gründen für eine kürzere Stillzeit, manche lehnen das Stillen gänzlich ab. „Es ist besser, auch nur einige Tage oder Wochen zu stillen, als gar nicht", ist Harnisch überzeugt.

Einige Gründe machen es notwendig, auf das Stillen zu verzichten, etwa eine Eiweißunverträglichkeit beim Baby oder eine Krankheit der Mutter wie HIV, Tuberkulose oder eine Chemotherapie bei Krebserkrankungen. Auch bei Alkohol- oder Drogenmissbrauch und der Einnahme bestimmter Medikamente darf nicht gestillt werden. Die Entscheidung sollte jedoch mit einem Arzt oder einer Stillberaterin abgeklärt werden. „Bei mäßigem Alkoholkonsum überwiegen die Vorteile des Stillens", erklärt Harnisch. „Auf das Rauchen sollten stillende Mütter jedoch verzichten." Wobei auch Passivrauchen dem Kind schaden könne. Bei den meisten Medikamenten gibt es „stillfreundliche" Varianten, etwa bei

FamVeld/Shutterstock.com

Antibiotika. In den meisten Fällen stellt die Muttermilch trotz einer bestehenden Erkrankung kein Risiko für den Säugling dar.

Als Alternative zur Muttermilch gibt es zahlreiche Angebote für Babymilch, auch in Bio-Qualität – etwa von Alnatura oder Hipp. Auch Beikost für größere Babys wird vermehrt in Bio-Qualität angeboten – bei selbst gemachter Babynahrung kann man auf Obst und Gemüse aus Bio-Anbau zurückgreifen.

Biologische Ernährung

Unter allen Landbewirtschaftungsformen gilt die biologische Landwirtschaft als die umweltschonendste – und als die gesündeste. Der Verzicht auf Chemie, ganzheitlich vernetztes Denken und ein möglichst geschlossener Betriebskreislauf sind die Voraussetzungen für biologische Landwirtschaft. Die natürlichen Ressourcen Boden und Wasser werden dabei

geschont und bleiben künftigen Generationen erhalten. Österreich hat besonders strenge Bio-Gesetze und weltweit einen der höchsten Anteile an Bio-Anbauflächen: Rund 20 Prozent der landwirtschaftlichen Fläche Österreichs werden bereits biologisch bewirtschaftet. Auch wenn diese Zahl mittlerweile stagniert, hält Österreich doch nach wie vor eine Spitzenposition. Bio ist gut fürs Klima: Der biologische Landbau produziert deutlich weniger klimaschädliche Treibhausgase als der konventionelle. Laut Umweltberatung werden in Österreich durch die biologische Bewirtschaftung jährlich 180.000 Tonnen CO_2 eingespart. Zudem ist bio frei von Gentechnik.

Neun von zehn Österreichern, sagt die Statistik, kaufen zumindest hin und wieder Bio-Produkte. Die meisten gehen dafür in den Supermarkt: An die 70 Prozent aller Bio-Umsätze werden in den Filialen der großen Ketten ge-

macht. Ein Umstand, der Kritiker auf den Plan ruft: Ist Bio-Pro-
duktion in derart großen Mengen überhaupt möglich? „Bio ist
bio", lautet die Antwort des Greenpeace-Experten Herwig Schuster.
„Gerade in Österreich sind die Bio-Gesetze sehr streng und daher
ist auf Gütesiegel Verlass." Greenpeace stellt den Bio-Marken öster-
reichischer Lebensmittelketten ein gutes Zeugnis aus; gerade die
Marktführer REWE (Ja!Natürlich), Hofer (Zurück zum Ursprung) und Spar
(Natur Pur) engagieren sich stark. Natürlich muss man sich nicht
mit dem Angebot im Supermarkt zufriedengeben. „Wer bio mit
hohen Standards und aus einer klein strukturierten Landwirtschaft
kaufen möchte, kann sich auch bei Bio-Bauernhöfen, auf Bio-Bau-
ernmärkten, Selbsterntefeldern oder bei Foodcoops versorgen",
ergänzt Michaela Knieli von der Umweltberatung Wien.

Die österreichische Umweltschutzorganisation GLOBAL 2000 hat
im Jahr 2015 in Zusammenarbeit mit dem oberösterreichischen
Umweltlandesrat Rudi Anschober 25 biologisch und 29 konven-

Wertlose männliche Küken?

Seit Dezember 2015 dürfen männliche Küken von Bio-Legehennen in Österreich nicht mehr direkt nach dem Schlüpfen getötet werden. Der Hintergrund: Alleine im Jahr 2014 wurden in Österreich 9,4 Millionen männliche
Küken getötet, da sich die Aufzucht nicht rentiert. Verantwortlich für diese
Praxis sind die Industrie mit ihrer Spezialisierung auf Hochleistungslege-
hennen und der steigende Appetit der Konsumenten auf Eier.
Männliche Tiere sind für eine schnelle Mast nicht geeignet
und deswegen für die Industrie wertlos. In Zukunft dürfen
in Österreich Eier nur dann als „bio" verkauft werden, wenn
auch die männlichen Küken aufgezogen werden. Mit dem
gemeinsamen Projekt „Haushuhn & Gockelhahn" haben Vier
Pfoten Österreich und die Lebensmittelmarke Ja!Natürlich dieser Branchenlösung für Bio-Eier den Weg bereitet. Das Projekt
schenkt männlichen „Eintagsküken" ein artgemäßes Leben in
Freilandhaltung und zeigt vor, dass ein Ende des Küken-Tötens
möglich ist. Voraussetzung dafür ist der Einsatz von Zweinutzungs-
hühnern – Kreuzungen, bei denen die Hennen weniger und kleinere,
aber ausreichend Eier legen und beide Geschlechter Fleisch ansetzen.

Tsekhmister/Shutterstock.com

tionell erzeugte Obst- und Gemüseprodukte auf Pestizidrückstände untersucht. Das für Bio-Konsumenten erfreuliche Ergebnis: 24 der 25 getesteten Bio-Proben enthielten keinerlei nachweisbare Pestizidrückstände. Nur im Fall einer zu Unrecht als „bio" deklarierten Avocado-Probe aus Peru waren Spuren eines Pestizids zu finden.

Bei den entsprechenden konventionellen Erzeugnissen ließen sich in allen Produktgruppen Rückstände von Pestiziden nachweisen, im Fall einer Probe ungarischer Marillen lagen die Mengen sogar über dem gesetzlichen Höchstwert. In Summe fanden die Analytiker in den konventionellen Erzeugnissen 37 verschiedene Schadstoffe, darunter 10, die im Verdacht stehen, als sogenannte „endokrine Disruptoren" das Hormonsystem negativ zu beeinflussen. Dabei handelt es sich um hormonell wirksame Chemikalien, die von der Weltgesundheitsorganisation WHO mit einem erhöhten Risiko für bestimmte Formen von Krebs, Fruchtbarkeitsstörungen, Diabetes, Herz-Kreislauf-Erkrankungen und anderen Zivilisationskrankheiten in Zusammenhang gebracht werden. Eine aktuelle Untersuchung aus Schweden zeigt aber auch, dass die Umstellung auf biologische Ernährung innerhalb weniger Tage zu einem deutlichen Rückgang der Körperbelastung durch Pestizide führt.

Die untersuchten Bio-Produkte sind im Durchschnitt rund 100-mal weniger mit Pestiziden belastet als die konventionellen.

Bio ist umweltfreundlicher und gesünder

Nebenwirkungen des Fleischkonsums

Der weltweite Fleischkonsum hat sich in den letzten 40 Jahren mehr als verdoppelt. In Österreich wurden im Jahr 2014 laut Statistik Austria 97,5 Kilogramm Fleisch pro Kopf konsumiert. Das sind pro Woche rund 1,8 kg pro Person. Ernährungsexperten empfehlen schon aus rein gesundheitlichen Gründen eine Reduktion um mindestens die Hälfte.

Sergiy Bykhunenko/Shutterstock.com

Weltweit werden jährlich mehr als 250 Millionen Tonnen Fleisch erzeugt. Dafür werden rund 38 Prozent der Getreideernte und 80 Prozent der Sojaernte an landwirtschaftliche Nutztiere verfüttert (Österreich importiert jährlich rund 550.000 Tonnen Soja für Tierfutter). Dadurch wird ein stetig wachsender Anteil der verfügbaren Ackerflächen für die Produktion von Futtermitteln benötigt. Die Folgen für Entwicklungsländer sind schwerwiegend: Je mehr Getreide die Bauern für den Futtermittelexport anbauen, desto weniger Produktionsfläche bleibt ihnen für die eigene Nahrungserzeugung.

Unser Hunger auf Fleisch hat schwerwiegende Folgen

Die Erzeugung von billigem Fleisch ist darauf ausgerichtet, große Mengen zu möglichst geringen Kosten zu produzieren. Bei der „Intensivtierhaltung", auch als „Massentierhaltung" bezeichnet, werden viele Tiere auf wenig Platz in möglichst kurzer Zeit gemästet – unter teils untragbaren Bedingungen für die Tiere. Der dabei oft notwendige hohe Einsatz von chemischen Düngemitteln und Pestiziden bei Monokulturen im Futterbau (z.B. Mais) belastet Böden und Gewässer. Ein Verbot für

Noch ein paar Fakten zum Fleischkonsum

Vieles spricht für eine Umstellung der Ernährungsgewohnheiten. Hier einige Zahlen, die zu denken geben:

- Laut FAO (Food and Agriculture Organization) verursacht die industrialisierte Form der Landwirtschaft 30 Prozent der weltweit ausgestoßenen Treibhausgase, davon wiederum gehen 40 Prozent auf das Konto der Fleischproduktion.
- Künstliche Düngemittel setzen große Mengen an Lachgas (Distickstoffoxide) frei – Lachgas belastet das Klima knapp 300-mal mehr als CO_2.
- 70 Prozent der weltweit gerodeten Regenwaldflächen werden für Weiden und die Produktion von Nutztierfutter eingesetzt.
- Die weltweiten Methanemissionen stammen zu 20 Prozent von verdauenden Wiederkäuern. Methan ist 25-mal schädlicher für das Klima als CO_2.
- Für die Produktion von einem Kilo Rindfleisch werden 15.000 Liter Wasser benötigt
- Ein Bericht der FAO geht von einer nochmaligen Verdoppelung des Fleischbedarfs bis 2050 aus.

Lisovskaya Natalia/Shutterstock.com

den Einsatz von Antibiotika gibt es in der EU nur im Bereich der Tiermast, nicht aber bei kranken Tieren. „Es ist in der konventionellen Viehzucht durchaus üblich, bei der Erkrankung eines Tieres gleich der ganzen Herde entsprechende Medikamente zu verabreichen", weiß Hans Peter Hutter, Oberarzt am Institut für Umwelthygiene der Medizinischen Universität Wien. Antibiotikaresistenzen bei Menschen können die Folge sein.

Grundsätze der Bio-Tierhaltung

Man muss nicht komplett auf Fleischkonsum verzichten. Wer auf biologische Fleischprodukte umsteigt, leistet bereits einen großen Beitrag – nicht nur zur eigenen Gesundheit, sondern auch zur Verringerung des Tierleids. Bio-Fleisch ist zwar teurer als herkömmliches, dies kann jedoch durch eine Verringerung des Fleischkonsums ausgeglichen werden.

Volodymyr Burdiak/Shutterstock.com

- Die Anzahl der Bio-Tiere, die pro Flächeneinheit gehalten werden dürfen, ist limitiert.
- Bio erlaubt keine Maßnahmen wie das Stutzen von Schnäbeln, Kupieren von Schwänzen und Kürzen von Zähnen.
- Bio-Tiere sind artgerecht untergebracht und müssen Zugang zu einem Auslauf bzw. Weidegang haben.
- In der Bio-Fütterung ist die Menge an Kraftfutter (Getreide, Mais, Soja), die in der Futterration eingesetzt werden darf, limitiert.
- Bei Bio-Tieren ist der vorbeugende Einsatz von Medikamenten verboten. Im Krankheitsfall werden Antibiotika zwar vor allem in großen Betrieben eingesetzt, die Auflagen sind allerdings strenger als in der konventionellen Landwirtschaft.
- Bio enthält laut zahlreichen Studien mehr gesundheitsfördernde Inhaltsstoffe wie Vitamine und Mineralstoffe.
- Bio-Wurst enthält keine Geschmacksverstärker wie z.B. Glutamat. Hefeextrakt (rechtlich gesehen kein Zusatzstoff) kann hingegen als Geschmacksverstärker eingesetzt werden

Kinderlebensmittel

Knallig bunte Verpackungen, Comics, Sticker und jede Menge interaktive Homepages: Die Industrie lässt sich die Vermarktung von Kinderlebensmitteln viel Geld kosten. Und die Rechnung geht auf, denn bis zum achten Lebensjahr sind Kinder nicht in der Lage, zwischen Werbung und anderen Inhalten zu unterscheiden (siehe Kapitel „Schöne neue Einkaufswelt", ▶ Seite 111).

Sie heißen Fruchtzwerge, Monsterbacke, Milchschnitte oder Piratenschatz. Ihre Verpackungen leuchten in allen Farben. Sie liegen in Augenhöhe und Griffweite ihres Zielpublikums und treffen haargenau den kindlichen Geschmack. Tatsache ist: Der Begriff Kinderlebensmittel ist gesetzlich nicht geregelt. In den meisten Fällen handelt es sich um hoch verarbeitete und im Vergleich mit herkömmlicher Ware überteuerte Lebensmittel mit einem ungünstigen Nährwertprofil. Anders gesagt: viel Zucker, viel Salz und ein hoher Anteil an gesättigten Fetten. Wenig überraschend, dass sich die WHO, die Weltgesundheitsorganisation, eine Reduktion der an Kinder gerichteten Werbung für genau solche Produkte wünscht.

Das Testmagazin KONSUMENT hat Fertigmenüs, Zerealien, Snacks, Getränke und Milchprodukte getestet. Testergebnis: Bei 8 von 38 untersuchten Produkten wurden künstliche Farbstoffe zugesetzt. Weitere 6 sind natürlich gefärbt, etwa mit Pflanzenextrakten. 28 der getesteten Kinderlebensmittel sind mit Aromen versetzt. Obwohl viele der Produkte mit Vitaminen bzw. Kalzium angereichert wurden, enthalten sie pro Portion weniger Kalzium als ein Glas Milch, dafür aber jede Menge Fett und Zucker.

Fazit: Lieber das Essen selber zubereiten, als Fertigprodukte kaufen! Alle Testergebnisse finden Sie unter www.konsument.at > Kinderlebensmittel (als Serie erschienen in 9/2014 bis 3/2015).

Africa Studio/Shutterstock.com

Obst und Gemüse aus der Region

Hierzulande sind wir gewohnt, zu jeder Jahreszeit Obst und Gemüse in reicher Vielfalt vorzufinden: Im Winter gibt es Erdbeeren aus Spanien, im Frühjahr Weintrauben aus Südafrika. Weite Transportwege und ein hoher Energieaufwand bei der Lagerung sind dafür notwendig. Die Folge: 20 Prozent der klimaschädlichen CO_2-Emissionen werden durch den Transport von Lebensmitteln erzeugt. Um die langen Transportwege zu überstehen, werden oft unreife Früchte geerntet, die dann unterwegs oder erst später in Lagerhäusern nachreifen. Vitamine gehen dadurch verloren. Saisonales Obst und Gemüse aus der Region ist nicht nur frisch, voll ausgereift und enthält mehr Vitamine und Mineralstoffe als die weitgereisten Artgenossen. Es ist in der Regel auch günstiger und unterstützt Nahversorger in der Region.

Alternativen zum Lebensmitteleinkauf

Stärkung der regionalen Landwirtschaft, ökologische Produktion, kurze Lieferwege und Transparenz: Das sind die Hauptmotive, die Menschen dazu bewegen, sich in einer FoodCoop zu engagieren. Dabei handelt es sich um Einkaufsgemeinschaften für Lebensmittel als Alternative zur industriellen Massenproduktion. Die Mitglieder einer FoodCoop organisieren den Einkauf gemeinschaftlich und beziehen ökologische Produkte meist direkt von Erzeugern aus der Region. Ankauf, Lagerung und Verteilung werden von den Mitgliedern selber durchgeführt und die Tätigkeit erfolgt ehrenamtlich. Dieser zeitliche Aufwand wird jedoch von der Kostenersparnis ausgeglichen: Da die Kosten des Einzelhandels wegfallen, kommen die Lebensmittel günstiger.

Sowohl im ländlichen Raum als auch in den Städten Wien und Graz konnten sich Bestellgemeinschaften etablieren: etwa das Bionetz Apfelkern und das NETs.werk in Oberösterreich, Krautkoopf in Graz und Bioparadeis, d'Speis oder Fresskorb in Wien.

Andere lassen sich die Bio-Ware ins Haus liefern: Viele der sogenannten BiokistIn bieten neben Obst und Gemüse weitere Bio-Lebensmittel wie Getreide, Käse oder Fleischwaren. Die Kisten gibt es in verschiedenen Größen und flexibler Zusammenstellung, die Lieferung kann jederzeit abbestellt werden. Die Kosten betragen je nach Größe etwa 15 bis 23 Euro pro Kiste. Beispiele sind der Biohof Adamah, der Wien und Niederösterreich beliefert, das Bioschatzkistl im Burgenland oder der Biohof Achleitner in Oberösterreich (▶ Links am Kapitelende).

FoodCoop und Bio-Kistl

Fairer Handel am Beispiel von Schokolade

In Westafrika , wo 70 Prozent des weltweit gehandelten Kakaos geerntet werden, arbeitet jedes dritte Kind zwischen 5 und 17 Jahren im Kakaoanbau. Davon ein großer Prozentsatz unter Bedingungen, die laut den Bestimmungen der ILO (International Labour Organization) und der UN-Kinderrechtskonvention streng verboten sind. „Der Einsatz von Kinderarbeitern ist eine nachweisbare Folge der Niedrigpreispolitik der Schokoladenindustrie", sagt Bernhard Zeilinger, Leiter der Südwind-Kampagne „Make Chocolate Fair!". In Côte d'Ivoire (Elfenbeinküste) müssen Kakaobauern mit einem Tagesverdienst von 0,50 US-Dollar und in Ghana mit 0,84 US-Dollar auskommen. Beide Werte liegen weit unter

Africa Studio/Shutterstock.com

der von der UN festgesetzten Armutsgrenze von 2 US-Dollar/Tag. Viele Kinder müssen ihren Eltern bei der Arbeit helfen, um über die Runden zu kommen; andere werden ihren Familien von Menschenhändlern entrissen und gezwungen, unter menschenverachtenden Bedingungen zu arbeiten. Großkonzerne wie Nestlé oder Mondelez beziehen ihre Rohstoffe von der Elfenbeinküste, auf den wenigsten Schokoladeprodukten finden sich Angaben über die Produktionsbedingungen.

Bei Produkten mit einem Gütesiegel für fairen Handel sieht das anders aus. Die drei bekanntesten sind Fairtrade, UTZ Certified und Rainforest Alliance. Fairtrade-Produkte werden nach den internationalen Standards der Fairtrade Labelling Organizations International (FLO) hergestellt und gehandelt. Die Richtlinien verbieten unter anderem Zwangsarbeit und ausbeuterische Kinderarbeit. Im Handel legt die FLO faire Mindestpreise fest, die die durchschnittlichen Produktionskosten decken. Zusätzlich nutzen die Produzenten nachhaltige Anbaumethoden, über 75 Prozent der Fairtrade-Produkte sind bereits bio. Für Bio-Anbau und Sozialprojekte bekommen die Unternehmen eine Prämie.

Die beiden anderen bedeutenden Gütesiegel, UTZ und Rainforest Alliance, basieren ebenfalls auf strengen Richtlinien, haben aber andere Schwerpunkte. Anders als bei Fairtrade gibt es keinen abgesicherten Mindestpreis, keine fixen Prämien, keine Vorfinanzierung, und der Anteil an zertifizierten Zutaten muss nicht bei 100 Prozent liegen.

Daneben gibt es kleinere Initiativen, die sich ebenfalls an den Prinzipien des fairen Handels orientieren: EZA, GEPA und El Puente, deren Produkte vor allem in den Weltläden verkauft werden. Ganz gleich, für welches Gütesiegel Sie sich entscheiden: In allen Fällen wird die Einhaltung der wichtigsten Standards des fairen Handels von unabhängiger Stelle kontrolliert. Diese Produkte sind deshalb solchen ohne Siegel eindeutig vorzuziehen.

Schokolade made by Zotter

Der Steirer Josef Zotter führt in dem kleinen Dorf Bergl seine weltberühmte Schokoladenmanufaktur. Ob Apfel-Karotten-Schokolade mit Ingwer oder Schoko-Reisflakes in Kokos und Orange: Mit seinen außergewöhnlichen

Kreationen in Bio- und Fairtrade-Qualität hat Zotter sich weltweit einen Namen gemacht. „Frag nie den Markt, was er sich wünscht, sondern mach', was du für richtig hältst", ist das Motto des Unternehmers, der es bis an die Harvard Universität schaffte. Dort steht Zotter als einziges österreichisches Unternehmen als Fallbeispiel auf dem Lehrplan. Die drei Säulen, auf denen das Unternehmen steht, sind bio, fair und Bean-to-bar (die Herstellung der Schokolade von der Bohne bis zum Schokoriegel); die Schokoproduktion findet in der hauseigenen Manufaktur statt. Bei Zotter gibt es auch stinknormale Milchschokolade oder Trinkschokolade – nur eben in außergewöhnlicher Qualität; und für Kinder Sorten wie den „Bananentiger" oder den „Erdbeerhasen".

Zotter ist ein Parade-beispiel für nachhaltige Unternehmenskultur. Teile des riesigen Unter-nehmensgeländes wer-den durch eine Photo-voltaikanlage versorgt. Die überschüssige Ener-gie wird in die Produktion des Schokoladenwerks eingespeist und deckt gemeinsam mit einem hauseigenen Dampf-kraftwerk den Energie-bedarf bis zu 60 Prozent ab. Den restlichen Strom

Susanne Wolf

bezieht die Manufaktur als Öko-Strom. Es gibt eine eigene Trinkwasser-quelle und Regenwasser wird gesammelt, um es für die Landwirtschaft im Tiergarten zu nutzen. Für alle Mitarbeiter steht täglich ein kostenloses Bio-Menü zur Verfügung; für die Verpackungen der Produkte wird Bio-Plastik aus nachwachsenden Rohstoffen verwendet. Auch die Bio- und Fairtrade-Zertifizierung seiner Schokolade nimmt Josef Zotter sehr genau; er reist regelmäßig zu Partner-Kooperativen in den Herkunftsländern Brasilien, Peru oder Indien. Der Unternehmer zahlt laut eigenen Angaben den Kakaobauern mehr, als Fairtrade vorschreibt.

„Nicht durchs Leben hetzen"

Nachhaltigkeit beginnt für Bernhard Madlener damit, mit sich im Reinen zu sein und auf sich selbst zu achten. „Nur dann kann man offen für Umweltschutz oder soziale Werte sein", ist der 36-Jährige, der im Medienbereich tätig ist, überzeugt. „Nicht durchs Leben hetzen", lautet demnach Madleners Leitspruch, den er auch an seine achtjährige Tochter Mira weitergeben möchte. „Das bedeutet für mich auch, dass sie nicht sieben Hobbys in ihr Leben integrieren muss, sondern vielleicht nur eines oder zwei. Hauptsache, es bleibt der Spaß im Vordergrund." Der gebürtige Vorarlberger lebt seit mehr als 15 Jahren in Wien und verzichtet bewusst auf ein Auto. „Autos verursachen Stress, sind teuer und verschmutzen die Umwelt – und in Wien brauche ich ohnehin keines." Da ihm die gesundheitlichen und vor allem ethischen Probleme des Fleischessens bewusst sind, ernährt sich Madlener weitgehend vegetarisch. „In Gasthäusern gibt es allerdings oft nur Angebote wie Rösti mit Spiegelei oder gebackenen Käse – in solchen Fällen mache ich auch eine Ausnahme." Kleider werden auch mal secondhand gekauft oder „in hochwertigerer Qualität als immer nur beim Textildiskonter". Seiner Tochter lebt Madlener „ohne Druck" vor, worum es ihm geht, und spricht mit ihr über gesundes Essen, Mülltrennung oder Energieverbrauch. „Für mich ist das seit 30 Jahren ein Thema, ich bin damit aufgewachsen."

Bernhard Madlener

Maryna Pleshkun/Shutterstock.com

Wussten Sie, dass ...

... das Erreichen des Mindesthaltbarkeitsdatums, umgangssprachlich auch Ablaufdatum genannt, nicht zwangsläufig bedeutet, dass die Ware verdorben und somit nicht mehr zum Verzehr geeignet ist? Das Verbrauchsdatum dagegen („zu verbrauchen bis") gilt für sehr leicht verderbliche Waren (siehe ▶ Links).

Was Sie tun können

- Kaufen Sie möglichst regionales und saisonales Obst und Gemüse.
- Unterstützen Sie kleine Lebensmittelhändler und Bio-Bauern.
- Achten Sie auf palmölfreie Produkte. Der Anbau von Ölpalmen ist für die Abholzung von großen Flächen an Regenwäldern verantwortlich.
- Erstellen Sie mit Ihrer Familie einen wöchentlichen Speiseplan, um unnötige Lebensmittel-Einkäufe zu vermeiden.
- Über Foodsharing können Sie Lebensmittel, die Sie nicht mehr brauchen, anderen zukommen lassen (▶ Links).
- Stellen Sie Ihren bevorzugten Lebensmittelketten lästige Fragen und fordern Sie verstärkte Maßnahmen gegen die Lebensmittelverschwendung ein. Eine Million Tonnen Lebensmittel (von Händlern und Konsumenten) landen in Österreich jedes Jahr im Müll.

Aus eigener Erfahrung

Eigentlich würde ich hier gerne schreiben, dass meine Kinder sich selbstverständlich gesund und nachhaltig ernähren und dem Vorbild ihrer Mutter nacheifern. Doch die Wahrheit sieht ein kleines bisschen anders aus. Kinder und gesunde Ernährung, das ist ja so wie mit dem Zu-Bett-Gehen oder der Handynutzung – alle Beteiligten zufriedenzustellen, ist beinahe ein Ding der Unmöglichkeit.

Es ist nämlich so: Wenn meiner elfjährigen Tochter ein Stück gekochtes Gemüse zu nahe kommt, verschließt sie ihren Mund. Da hilft kein Bitten und kein Betteln, kein Drohen („Dann gibt's aber keine Nachspeise!") und auch nicht die Mitleidsmasche („Die armen Kinder in Afrika würden sich freuen!"). Alles schon probiert. Die Lieblingsspeisen meiner Tochter sind Spaghetti, Pizza und Chicken Nuggets. Noch Fragen?

Neulich war es mal wieder so weit: Wir sitzen am Mittagstisch und essen unser Risotto. Ich korrigiere: Mein Mann, mein älterer Sohn und ich essen, während Amelie lustlos auf ihrem Teller herumstochert. Sie hat uns schon mit dem ersten Blick in die Pfanne wissen lassen, dass sie „dieses Zeug" nicht essen wird. Nun sehe ich aus dem Augenwinkel, wie sie fein säuberlich Erbsen und Karotten aus ihrem Reis klaubt und auf dem Tellerrand stapelt. „Wenn du kein Gemüse isst, gibt es keinen Nachtisch!", versucht es mein Mann, wenig originell. Eine Erbse rollt über die Tischkante und landet – patsch! – auf dem Boden. Ich starre auf meinen Teller und schweige. „Ich will etwas anderes essen!", brummelt meine Tochter. Ich schweige immer noch und umklammere meine Gabel. Mein Mann sieht mich vorwurfsvoll an: „Sag du doch auch mal was!" Ein vernichtender Blick trifft ihn: „DU wolltest doch unbedingt Risotto machen!" Einstweilen macht sich eine Karotte still und leise auf den Weg über den Tellerrand meiner Tochter und verschwindet in der Serviette. „Jetzt reicht's!" Ich knalle mein Besteck auf den Tisch und stürme aus dem Zimmer. Mein Mann flüchtet Richtung Toilette. Wir treffen uns hinter der Türe und holen tief Luft. Mit dem festen Vorsatz, Ruhe zu bewahren, kehren wir schließlich zurück an den Ort des Geschehens. Dort erwartet uns unsere Tochter mit ihrem süßesten Lächeln. Ihr Teller: fast leer. Auch das Gemüse: verschwunden. Die Frage, die mir auf der Zunge brennt, beantwortet mein Sohn, nicht ohne Häme: „Kaum wart ihr draußen, hat sie es gegessen."

Die Karotte verschwindet in der Serviette

Links

www.lalecheliga.at
www.stillen.at/stillberaterinnen

Stillberatung

www.bewusstkaufen.at > Produkte > Essen & Trinken

Gütesiegel

Bio-Austria	www.bio-austria.at
Austria Bio-Garantie	www.abg.at
Gütesiegel fairer Handel	www.fairtrade.at www.rainforest-alliance.org/de www.utzcertified.org
Food Coops	http://foodcoops.at
Foodsharing	http://at.myfoodsharing.org
Zotter	http://zotter.at
Bio-Kistl Anbieter	www.bio-austria.at > Suche > Bio-Kistl
Produkte ohne Palmöl	www.umweltblick.de > Branchen > Produkte ohne Palmöl
Mindesthaltbarkeitsdatum/Verbrauchsdatum	www.ages.at > Themen > Lebensmittel > Haltbarkeit
Europäische Kampagne für faire Schokolade	http://at.makechocolatefair.org

Karramba Production/Shutterstock.com

Fürs Leben lernen

In der Schule werden die Weichen für das spätere Leben gestellt. Spätestens da können Eltern und Lehrer das Bewusstsein für Nachhaltigkeit bei ihren Schützlingen stärken.

Ökologische Schulartikel

Umweltzeichen für Schulartikel

Vom Bleistift bis zu Malfarben, vom Lineal bis zu Klebstoffen – mehr als vierzig Artikel des täglichen Gebrauchs in Büro und Schule sind mit dem Österreichischen Umweltzeichen ausgezeichnet. Kriterien sind umweltfreundliche und dauerhafte Materialien sowie Qualität und reparaturfreundliche bzw. umweltgerechte Produktgestaltung. Materialien, auf die Kraft ausgeübt wird (Metalle, hochwertige Kunststoffe), müssen Mindestgarantiezeiten erfüllen und dürfen, wie alle übrigen Stoffe, keine gesundheitsgefährdenden chemischen Substanzen enthalten. Holz muss aus zertifizierter nachhaltiger Forstwirtschaft stammen. Kunststoffe haben einen Mindestanteil an nachwachsenden Rohstoffen oder Kunststoff-Recyclat.

Die Büro- und Schulartikel müssen nachfüllbar, zerlegbar und wiederverwertbar sein. Außerdem muss es Ersatz für Verschleißteile geben.

Darüber hinaus werden bei Produkten, die das Umweltzeichen tragen, unnötige Verpackungen vermieden: Sie kommen entweder ohne Verpackung aus oder sie haben Verpackungen aus Recyclingkarton, und die Verpackungsgröße steht in einem sinnvollen Verhältnis zum Inhalt. In Österreich sind bereits 80 Prozent der Schulhefte aus Altpapier und mit dem Österreichischen Umweltzeichen ausgezeichnet.

Schultaschen und Bücher

„Ökotest" untersuchte 2013 die Inhaltstoffe von Schultaschen. Fast alle Produkte sind stark mit Schadstoffen belastet: Meist bestehen die Reflektormaterialien aus PVC, doch oft sind auch andere Teile wie die Klarsichthüllen für den Stundenplan oder gar eines der Hauptmaterialien aus problematischen chlorierten Verbindungen. Was Phthalat-Weichmacher betrifft, sind die Hersteller überwiegend auf eine andere, aber ebenfalls bedenkliche Phthalat-Verbindung und auf Ersatzweichmacher ausgewichen, die jedoch noch nicht ausreichend erforscht sind. Auch polyzyklische aromatische Kohlenwasserstoffe (PAK) und phosphororganische Verbindungen wurden in fast allen Produkten nachgewiesen. Einzige frohe Botschaft: Bedenkliche oder gar verbotene Farbstoffe wurden im Gegensatz zu früheren Tests nicht mehr gefunden.

Mit dem Hinweis „Geprüfte Sicherheit" und „Geprüft nach DIN 58124" bestätigt der Schultaschen-Hersteller, dass das Modell die Mindestanforderungen an Sicherheit, Trageeigenschaften und Materialqualität erfüllt. DIN-Schultaschen mit AGR-Kennzeichen (Aktion Gesunder Rücken e.V.) sind darüber hinaus umfassend auf Ergonomie geprüft. Achten Sie auf eine lange Garantiezeit (mindestens drei, besser vier Jahre – Kassabon aufheben) und darauf, ob ein Reparaturservice angeboten wird.

Schulbücher landen nach dem abgelaufenen Schuljahr meist im Müll. Möglichkeiten, gebrauchte Bücher an jüngere Schüler weiterzugeben, oder Tauschbörsen für Schulsachen gibt es an heimischen Schulen kaum. Alljährlich werden Tausende neue Bücher an Österreichs Schüler ausgeteilt.

gorillaimages/Shutterstock.com

Gütesiegel für Schulsachen

Unter den ausländischen Gütesiegeln sind der Blaue Engel aus Deutschland, der Nordische Schwan aus Schweden, Finnland, Norwegen, Island und Dänemark sowie das Europäische Umweltzeichen der EU am bekanntesten.

Essen in der Schule

Gesundheitsstatistiken zeigen: Mit der Ernährung assoziierte Krankheiten manifestieren sich zunehmend bereits im Schulalter; die Zahlen für Übergewicht und Diabetes bei Kindern sind alarmierend. 30 bis 40

eric kruegl

„Schüler haben zu wenig Zeit zum essen"

Die Ernährungswissenschaftlerin Claudia Ertl-Huemer ist Geschäftsleiterin für Education & Care Catering bei Gourmet. Der Marktführer für Schul- und Kindergartenessen in Österreich kooperiert mit dem WWF.

KONSUMENT: Was essen denn Kinder am liebsten?
Ertl-Huemer: Die Favoriten sind immer noch Pizza und Pasta. Gerne essen sie Hühnerfleisch, aber auch vegetarische Speisen werden immer beliebter. Kinder sind beim Essen oft wenig experimentierfreudig. Wir nehmen ihre Wünsche ernst und versuchen sie gleichzeitig für Gesundes und Neues zu begeistern. Essen wird heute nicht mehr als reine Nahrungsaufnahme gesehen, sondern hat eine größere und umfassendere Bedeutung in der Gesellschaft. Das bekommen auch Kinder mit.

Welche Speisen bieten Sie an?
Unsere Speisepläne sind ausgewogen und orientieren sich an der österreichischen Ernährungspyramide. So empfehlen wir z.B. nur einmal pro Woche Fleisch. Wir haben auch eine eigene vegetarische Menülinie und probieren immer wieder neue Gerichte aus, wie zuletzt eine Gemüse-Palatschinken-Lasagne. Seit drei Jahren empfehlen wir den Schulen, das Essen in unseren kindgerechten Buffetwagen anzubieten. Die Kinder können selbstständig aus zwei verschiedenen Menüs wählen und entscheiden, was und wie viel sie essen wollen. Unsere Erfahrung zeigt, dass die Kinder dadurch öfter einmal neue Speisen ausprobieren. Außerdem lernen sie, auf ihr Sättigungsgefühl zu hören und sorgsam mit Lebensmitteln umzugehen.

Wird das Essen von den Kindern gut angenommen?
Wir laden Kinder regelmäßig zu Testessen ein, aber natürlich ist es schwer, es allen recht zu machen. Dazu kommen noch die unterschiedlichen Ansprüche der Eltern. Viele machen sich Sorgen, dass ihre Kinder falsch oder zu viel essen. Übergewicht entsteht aber nicht bei einem ausgewogenen Mittagessen, sondern vor allem durch zu viel Süßes und Fettes zwischendurch.

Wie setzen Sie Nachhaltigkeit beim Essen um?
Gourmet ist seit 1997 bio-zertifiziert, 40 bis 50 Prozent der Zutaten kommen aus biologischer Landwirtschaft. Zudem legen wir großen Wert auf regionale Lebensmittel. Kinder, die Gourmet-Speisen in der Schule essen, nehmen sechs- bis siebenmal so viel bio zu sich wie Kinder, die zu Hause essen. Wir bieten Kinderkochwerkstätten in Volksschulen an, um Kinder auch spielerisch für gesunde Lebensmittel zu begeistern.

Trotzdem hat Schulessen generell ein schlechtes Image. Woran liegt das?
Viele haben noch das Essen von früher im Kopf, als Schüler einen Teller vorgesetzt bekamen und es keine Auswahl gab. Viele Eltern haben auch ein schlechtes Gewissen, weil sie nicht selbst kochen.

Was gäbe es zu verbessern?
Schüler haben generell zu wenig Zeit zum essen, da ihr ganzer Tag durchgetaktet ist. Die Mittagspause müsste länger sein, damit die Kinder ihr Essen genießen können. Alle beschweren sich, dass zu viele Kinder nur „snacken", was aber auch daran liegt, dass sie sich oft gehetzt fühlen.

Prozent der Pflichtschüler frühstücken nicht regelmäßig zu Hause, bis zu 40 Prozent der Kinder essen kaum Obst oder Gemüse.

In der Vermittlung eines ausgewogenen Essverhaltens übernehmen Schulen eine immer wichtigere Funktion. Schulbuffets und -kantinen, die ausgewogene Speisen, am besten in Bio-Qualität, anbieten, sind daher Voraussetzung für eine gesunde und nachhaltige Ernährung.

Die „Leitlinie Schulbuffet" des Gesundheitsministeriums sieht ein Angebot vor, „das sich an ernährungswissenschaftlichen Empfehlungen orientiert, physiologische Bedürfnisse deckt sowie ein gesundheitsförderliches Ernährungsverhalten unterstützt. Die Grundlage bildet die österreichische Ernährungspyramide. Ein bedarfsgerechtes Angebot nimmt neben ernährungsphysiologischen und lebensmittelsicherheitsrelevanten Kriterien auch auf Frische, Vielfalt und ökologische Aspekte (wie Saisonalität und Regionalität) sowie auf die Vorlieben der Kinder und Jugendlichen Rücksicht. Schulspezifisch sind auch soziale und essenskulturelle Hintergründe für den Erfolg von Warenkorbveränderungen wichtig."

Schulessen sollte ausgewogen und im besten Fall bio sein

Die österreichische Ernährungspyramide

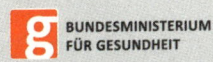

Das Umweltzeichen sieht für Schulbuffets folgende Mindestkriterien vor:

- Mindestens 50 Prozent des pikanten Sortiments (gefüllte Weckerl etc.) sind fleischlos.
- Obst und Salate sind auf das saisonale Angebot abgestimmt (mind. 50 Prozent des Angebotes).
- Mindestens ein Getränk ist bio.
- Mindestens zwei weitere Produkte (Milchprodukt, Getränk, Süßigkeit) sind als „biologisch" gekennzeichnet.
- Die biologischen Angebote sind gut sichtbar präsentiert.
- Es gibt weder Alu- noch Blechdosen.
- Keine Kleinstverpackungen für Einzelkomponenten von Speisen oder Getränken wie Butter, Kaffeeobers, Zucker oder Ketchup.

Natürlich können auch Eltern ihren Kindern eine gesunde und nachhaltige Schuljause zubereiten. Regelmäßiges Essen ist für Schüler besonders wichtig, da ihre Energiereserven schneller verbraucht sind als die von Erwachsenen. Eine Zwischenmahlzeit am Vormittag gibt Energie. Bei den Essensbehältern ist eine nachhaltige Variante möglich: Jausenboxen aus Edelstahl sind umweltverträglicher und gesundheitlich unbedenklicher als solche aus Kunststoff. Eine Mehrweg-Trinkflasche aus Glas ist wiederbefüllbar und spülmaschinenfest.

Was Sie tun können

- Kaufen oder verkaufen Sie gebrauchte Schulsachen über Onlinebörsen wie willhaben.at.

- Regen Sie an der Schule Ihres Kindes eine Gebrauchtbörse für gut erhaltene Schulbücher und Schulsachen an oder tun Sie sich mit anderen Eltern zusammen.
- Geben Sie Ihrem Kind eine gesunde Jause in die Schule mit, z.B. ein Vollkornweckerl mit (Bio-)Käse oder -Wurst und ein Stück Obst.
- Leitungswasser ist der beste Durstlöscher und zuckerhaltigen Limonaden vorzuziehen.
- Eine Alternative sind mit Wasser verdünnte Fruchtsäfte.
- Vermeiden Sie Getränke in Plastikflaschen oder Aludosen.

Schulen mit Umweltzeichen

Ziel des Österreichischen Umweltzeichens für Schulen ist es, dass sich alle im schulischen Alltag beteiligten Personengruppen für eine nachhaltige Entwicklung ihrer Lebenswelt einsetzen. Das Österreichische Umweltzeichen für Schulen und Pädagogische Hochschulen zertifiziert Bildungseinrichtungen, die Wert auf einen nachhaltigen Umgang mit Energie und Abfallentsorgung legen, Umweltengagement vermitteln und ein soziales Schulklima fördern. Biologische Ernährung und Gesundheitsförderung sind weitere wichtige Kernthemen der Umweltzeichen-Schulen.

Schulen mit dem Umweltzeichen sind nachhaltiger

Bei einer Umfrage an 94 zertifizierten Schulen im Jahr 2014 wurden die positiven Effekte des Umweltzeichens hervorgehoben:

- mehr Bewusstsein für die Themen einer nachhaltigen Entwicklung
- mehr regionale und/oder biologische Lebensmittel
- eine bewusste Veränderung des Ernährungsangebots
- ein besseres Arbeitsklima in der Schule
- mehr Projektarbeit zu den Themen Umwelt oder Gesundheit
- Einsparung an Restmüll und Papier
- Senkung des Energieverbrauchs (Wärme und/oder Strom)
- mehr Teamarbeit
- ein verändertes Mobilitätsverhalten
- Einsparung an Wasser

Ökologie als Freifach

Sieglinde Binder-Knoll

Das Gymnasium Boerhaavegasse im 3. Wiener Gemeindebezirk, BG und BRG mit musischer Ausbildung, trägt seit 2012 das Umweltzeichen und ist damit eines von nur sechs derart ausgezeichneten Gymnasien in Österreich. Verantwortlich für die Umsetzung der Richtlinien ist Sieglinde Binder-Knoll, Lehrerin für Biologie und das Freifach Ökologie. Einer der Schwerpunkte in der Schule ist die Mülltrennung. In jeder Klasse gehören zwei Schüler dem Ökoteam an, das dafür verantwortlich ist. „Wir sparen pro Jahr 3.000 Euro durch Mülltrennung ein", erzählt Binder-Knoll und bemerkt, dass es in anderen Schulen nicht üblich sei, Müll zu trennen. „Obwohl es vom Gesetz vorgesehen wäre." Einmal im Monat findet ein Treffen des Ökoteams statt, um neue Ideen und Maßnahmen zu besprechen. „Eine Klasse startete aus Eigeninitiative ein Projekt mit dem Titel ‚Tatort Meer', um auf die Verschmutzung der Ozeane und die Überfischung aufmerksam zu machen." Wenn möglich, werden gebrauchte Schulbücher am Ende des Jahres eingesammelt und weiterverwendet. „Viele Bücher sind allerdings Arbeitsbücher, in die die Schüler hineinschreiben und die daher nicht wiederverwendet werden können." Beim Essen wird Wert auf Bio-Qualität sowie regionale und saisonale

Susanne Wolf

Angebote gelegt. Der Bio-Anteil beträgt allerdings nur 30 bis 40 Prozent, da mit dem Budget hausgehalten werden muss. Eine zusätzliche finanzielle Unterstützung vom Ministerium gibt es für das Umweltzeichen nämlich nicht. Dem Ökoteam gehören 30 Lehrer an. Hauptverantwortliche für das Umweltzeichen ist Binder-Knoll. „Eigentlich wären zwei bis drei Personen dafür notwendig, unser Stundenplan macht eine Abstimmung jedoch oft schwer möglich." Unterstützung kommt von Schuldirektorin Gabriele Eder-Lindinger, für die das Thema Nachhaltigkeit ganz oben steht. Arno Dermutz vom Umweltzeichen-Team im VKI bestätigt: „Andere Schulen wie Volksschulen haben aufgrund des Lehrplans eher die Kapazitäten, UZ-Kriterien umzusetzen. Dementsprechend mehr Volksschulen mit dem Umweltzeichen gibt es."

Es werden also Wissen und Handeln zu Umwelt- und Klimaschutz sowie Gesundheit und Bildungsqualität gleichermaßen gefördert.

Das Umweltzeichen kann an Pflichtschulen, Allgemeinbildende höhere Schulen, Berufsschulen und Berufsbildende Schulen, Polytechnische Schulen, Sonderpädagogische Zentren sowie an Akademien für die Aus- und Weiterbildung von Lehrerinnen und Lehrern vergeben werden. Schulen sind von der Nutzungsgebühr befreit. Österreichweit gibt es rund 100 Schulen mit dem Umweltzeichen, darunter sechs Allgemeinbildende höhere Schulen (AHS). Warum so wenige? „In Gymnasien gibt es – im Gegensatz zu berufsbildenden Schulen – kein mittleres Management, das Aufgaben zur Erfüllung der Kriterien organisieren könnte", begründet Arno Dermutz aus dem Umweltzeichen-Team diese Diskrepanz. Volksschulen seien kleiner und überschaubarer.

Das Bewusstsein für Nachhaltigkeit stärken

Zertifizierte Schulen werden alle vier Jahre auf die Einhaltung der Kriterien geprüft.

Derzeit werden Kriterien für eine Umweltzeichen-Richtlinie für Kindergärten erarbeitet, die voraussichtlich 2017 veröffentlicht wird.

Faire Schulen

Seit 2014 bietet die Kampagne Fairtrade-Schools mit Unterstützung des Bildungsministeriums Schulen in Österreich die Möglichkeit, sich aktiv für eine bessere Welt einzusetzen und den fairen Handel in die Schule zu integrieren. Die Kriterien dafür sind:

- Ein Fairtrade-Schools-Team, das sich aus Schülern, Eltern und Lehrern zusammensetzt.
- Fairtrade-relevante Themen werden im Unterricht behandelt.
- Mindestens zwei Fairtrade-Produkte müssen in der Schule, etwa im Buffet, angeboten werden.
- Mindestens einmal im Schuljahr muss es eine Schulaktion zum Thema Fairtrade geben.
- Die Erstellung eines Aktionsplans, der die Umsetzung aller Kriterien protokolliert.

Wettbewerbe und Projekte

Das VKI-Testmagazin KONSUMENT veranstaltet regelmäßig den Schüler-wettbewerb JETZT TESTE ICH! Ziel des Wettbewerbs ist, ein kritisches Ver-braucherverhalten zu fördern. Bei JETZT TESTE ICH! entwickeln Jugendliche selbstständig Waren- und Dienstleistungstests, analysieren Produkte und

prüfen, was sich hinter Werbeversprechen und Reklameslogans versteckt. Seit 2006 findet der Wettbewerb, der sich an Ju-gendliche von 12 bis 19 Jahren richtet, im Abstand von jeweils zwei bis drei Jahren statt. Mitmachen können Einzelpersonen, Kleingruppen, aber auch ganze Schul-klassen. Eine Jury aus Experten des VKI, Medien- und Jugendvertretern zeichnet die besten Arbeiten aus. Im Rahmen eines Sonderpreises, dem „Umweltzeichen-Preis" des Österreichischen Umweltzei-chens, können Jugendliche Waren und Dienstleistungen auf ihre Umweltfreund-lichkeit testen. Dieser Preis ist mit jeweils 750 Euro pro Altersgruppe dotiert.

Bei Jugend Innovativ, Österreichs größtem Schülerwettbewerb, sind Schüler und Lehrlinge im Alter von 15 bis 20 Jahren eingeladen, kreative und innova-tive Ideen in Form von Projekten auszu-arbeiten. Der Sonderpreis Sustainability unterstützt Projekte, die sich mit nachhal-tigen Themen beschäftigen – etwa ressourcenschonenden Maßnahmen oder dem Einsatz erneuerbarer Energien.

In ganz Österreich bieten Universitäten jährlich stattfindende Kin-derunis an, bei denen auch Workshops zum Thema Nachhaltigkeit im Programm sind – etwa in Wien, Linz, Graz oder Salzburg.

Die Stadt Wien organisiert unter dem Namen „Weniger Mist" Umwelt-Events für Kinder. Auch im Rahmen der österreichweiten Aktionstage

Julia Rainer

„Junge Menschen wünschen sich mehr Nachhaltigkeit"

Julia Rainer, 23, war österreichische UNO-Jugenddelegierte des Jahres 2015. Sie studiert Internationale Entwicklung und Jus in Wien und absolvierte ein Auslandsemester in Frankreich.

KONSUMENT: Wie bist du UNO-Jugenddelegierte geworden?
Rainer: Bereits 2012 machte ich bei einem Projekt der Jugend-Umweltplattform JUMP mit, wo mein Interesse für Nachhaltigkeit geweckt wurde. Ich durfte damals an der Konferenz für nachhaltige Entwicklung Rio+20 teilnehmen. Danach bewarb ich mich bei der Bundesjugendvertretung (BJV) als Jugenddelegierte und wurde ausgewählt. Meine Schwerpunkte sind Bildung, Nachhaltigkeit und Migration/Flucht.

Was waren deine Aufgaben als UNO-Jugenddelegierte?
Als Mitglied der österreichischen Delegation nahm ich im Oktober 2015 an der UNO-Generalversammlung teil und setzte mich dort mit Jugenddelegierten anderer Länder für die Verbesserung der Situation von Kindern und Jugendlichen weltweit ein. Im Vorfeld der Klimakonferenz in Paris war ich Teil der Conference of Youth (COY).

Was hat dich bei diesen Konferenzen am meisten beeindruckt?
Es war toll, gleichgesinnte Jugendliche aus aller Welt zu treffen und mich auszutauschen. Besonders schön fand ich, dass es überall junge Menschen gibt, die sich für eine bessere Welt einsetzen.

Wie hast du dich auf diese Aufgaben vorbereitet?
Vor meinem einmonatigen Aufenthalt in New York war ich auf „Österreich-Tour" und habe mit vielen Jugendlichen über ihre Wünsche gesprochen. Die Frage, was sie sich bis zum Jahr 2030 für die Welt wünschen, beantworteten die meisten mit Begriffen wie Nachhaltigkeit, Umweltschutz, erneuerbare Energien, Frieden oder Gerechtigkeit.

Seit wann interessierst du dich für Themen wie Nachhaltigkeit oder Politik?
In meiner Familie war es immer schon üblich, über politische Themen zu diskutieren. Im Gymnasium stand ich jedoch mit meiner Gesellschaftskritik oder meinem Gerechtigkeitssinn ziemlich alleine da. Da hätte ich mir mehr Aufklärung, z.B. in Form von politischer Bildung als eigenes Fach, gewünscht. In der Schule ist es Glückssache, ob du engagierte Lehrer hast oder nicht. Erst bei meinem Studium traf ich auf Menschen, die ähnlich denken wie ich.

Wie setzt du selbst Nachhaltigkeit im Alltag um?
Ich habe kein Auto und nicht einmal den Führerschein. In Österreich fahre ich mit der Bahn – leider sind aber nicht alle Orte ohne Auto gut erreichbar. Zudem esse ich wenig Fleisch und kaufe Bio-Lebensmittel ein.

Was liegt dir besonders am Herzen?
Im Rahmen meines Jus-Studiums absolvierte ich ein Praktikum in Asylrecht und setze mich seither sehr für Flüchtlinge ein. So habe ich z.B. mit Freunden 120 Säcke mit Kleidern gesammelt.

Nachhaltigkeit, veranstaltet vom Umweltministerium, werden Aktionen für Kinder und Jugendliche angeboten.

Die Jugend-Umweltplattform JUMP sieht sich als Sprungbrett für junge Menschen in den Umweltbereich. In Programmen, Veranstaltungen und Seminaren bekommen Jugendliche ab 16 Jahren Einstiegshilfen, Weiterbildung und Orientierung rund um die Themen Umwelt und Nachhaltigkeit in Österreich. Bei den „Green Days" etwa nehmen jährlich über 250 Jugendliche aus ganz Österreich teil (▶ Links am Kapitelende).

Der World Wide Fund for Nature (WWF), eine der größten Naturschutzorganisationen der Welt, hat eigene Kinder- und Jugendgruppen. Für Kinder bietet der WWF Infomaterial für Schulreferate, Unterstützung bei Schulaktionen oder Onlinespiele an. Junge Leute ab 15 Jahren können sich für das Netzwerk Generation Earth bewerben und an Lehrgängen, internationalen Jugendbegegnungen oder Aktionsprojekten teilnehmen.

Nachhaltigkeitsbildung für junge Menschen

Der „Schulkoffer für Elektroaltgeräte und Altbatterien" der Elektroaltgeräte Koordinierungsstelle Austria GmbH vermittelt 8- bis 14-jährigen Schülern Wissen über Rohstoffe und Schadstoffe in Handys & Co. Ein ausgebildeter Abfallberater kommt direkt in die Schule, um den Kindern mit „angreifbarer Pädagogik" und interaktiven Lernspielen komplexe Inhalte wie z.B. Abfallvermeidung, getrennte Sammlung, ReUse und Recycling näherzubringen.

Nachhaltigkeit lernen

Wie Sie Ihren Kindern das Thema nahebringen können:

- Sprechen Sie mit ihren Kindern über Themen wie Massentierhaltung, Ressourcenverbrauch oder Klimawandel.
- Leben Sie dem Nachwuchs Nachhaltigkeit im Alltag vor.
- Gemeinsam angesehene Filmdokus oder Bücher können großen Eindruck bei Kindern und Jugendlichen hinterlassen (siehe Service-Teil, ▶ Seite 151).

„Es ist doch etwas hängen geblieben"

Siglinde Holnsteiner, 44, legt viel Wert darauf, ihren drei Kindern nachhaltiges Denken zu vermitteln. Bereits in jungen Jahren machte sie sich Gedanken über die Umwelt und kaufte lieber ungebleichtes Klopapier. „Als meine Kinder noch klein waren, besuchten wir regelmäßig einen Bio-Bauernhof und kauften dort unsere Lebensmittel." Auch die Urlaube verbrachte die Familie lieber am Bauernhof, als in die Ferne zu fliegen. Die AMS-Beraterin

Siglinde Holnsteiner

stillte ihre Kinder so lange wie möglich und benötigte dadurch keine Flaschennahrung. „Für die erste Beikost verwendete ich Bio-Karotten und -Kartoffeln." Holnsteiner legt Wert auf eine lange Nutzungsdauer von Produkten und kauft „so wenige Spielkonsolen wie möglich". Der älteste Sohn Karl ist heute 19 Jahre alt und kann sich ein Leben ohne Auto vorstellen. „Vor zwei Jahren beklagte er sich noch, dass ich mein Auto verkauft hatte, heute ist ihm der Führerschein nicht mehr so wichtig. Es ist also doch etwas bei ihm hängen geblieben." Die 12-jährige Paula besucht eine Waldorfschule, wo nachhaltiges Denken großgeschrieben wird; Stefan, 16, absolviert nach vier Jahren Waldorfschule nun eine Kochlehre. Holnsteiner ist sich bewusst, dass für viele Familien Nachhaltigkeit kein Thema ist. „Wenn man Geldsorgen und Arbeitsstress hat, bleibt einfach kein Platz dafür." Sie selbst setzt Prioritäten, um eigene Energien und Ressourcen zu schonen. „Ich bin sicher keine perfekte Mutter – manchmal habe ich auch keine Lust, für ein bestimmtes, nachhaltigeres Produkt in ein anderes Geschäft zu gehen." Sie ist überzeugt davon, dass das große Ganze zählt.

- Wählen Sie eine Schule, die Nachhaltigkeit in den Unterricht integriert.
- Ermutigen Sie Ihre (älteren) Kinder, Themen rund um Nachhaltigkeit in der Schule anzusprechen und gegebenenfalls Verbesserungen einzufordern.

Aus eigener Erfahrung

„Die holzen sowieso die Wälder ab!"

„Nur wegen des blöden Palmöls soll ich jetzt keine Schokolade mehr essen?", fragte meine 11-jährige Tochter mich neulich in diesem ihr eigenen Tonfall, der eine Mischung aus Genervtheit und schlechtem Gewissen ausdrückt. „Die holzen sowieso die Wälder weiter ab, daran können wir doch nichts ändern!" In Diskussionen wie diesen wiederhole ich Mantra-mäßig, dass sich sehr wohl etwas ändern würde, wenn nur mehr Konsumenten bewusster handelten. Doch ich gebe es zu: Auch wenn ich selbst sehr darauf achte, was ich esse und konsumiere, ist es nicht immer leicht, dem Nachwuchs dieses Denken zu vermitteln. Denn ich will meine Kinder zu nichts zwingen. Mein 17-jähriger Sohn macht sich zwar Gedanken über Umweltschutz, doch seine geliebten Gewohnheiten wie das tägliche (Bio-)Schinkenbrot will er dann doch nicht missen. Immerhin verzichtet er auf Spaghetti Bolognese, seit er eine Doku darüber gesehen hat, wie ein einziges Glas der Sauce sich auf die Umwelt auswirkt. Und meine Tochter hat aus eigenen Stücken entschieden, weniger Fleisch zu essen – sie hat bereits eine Vorstellung davon, wie die Tiere, die wir essen, behandelt werden. Da beide eine Schule mit Umweltzeichen besuchen, ist Nachhaltigkeit Teil ihres Unterrichts. Und ich bin überzeugt davon, dass irgendwann auch die private Umweltbildung Früchte tragen wird.

Links

Österreichisches Umweltzeichen für Schulen

www.umweltzeichen.at/bildung

Leitlinie Schulbuffet und Ernährungspyramide

http://bmg.gv.at/ > Schwerpunkte > Ernährung > Unser Schulbuffet (runterscrollen) > Schulen mit dem Umweltzeichen

Fairtrade-Schools

www.fairtrade-schools.at

www.schuleinkauf.at	**Umweltfreundliche Schulsachen**
www.oekotest.de > Schulranzen	**„Ökotest" Schultaschen-Test**
www.konsument.at/jetzt-teste-ich	**JETZT TESTE ICH!**
www.elektro-ade.at/schulkoffer	**Schulkoffer EAG**
www.jugendinnovativ.at > Sonderpreis Sustainability	**Jugend Innovativ**
https://www.kinderuni.at	**Kinderuni Wien**
www.kinderunigraz.at	**Kinderuni Graz**
www.uni-salzburg.at > Kinderbüro > Kinderuni	**Kinderuni Salzburg**
http://kinderuni-ooe.at	**Kinderuni Oberösterreich**
www.wenigermist.at > Umweltfreundliche Kids	**Weniger Mist**
www.nachhaltigesoesterreich.at	**Aktionstage Nachhaltigkeit**
www.jugendumwelt.at	**JUMP**
https://www.bjv.at > Jugend und Politik > Internationales > UN Youth Delegates	**Bundesjugend-vertretung**

Unterwegs mit Kindern

Mobil zu sein ist in unserer schnelllebigen Zeit auch mit
Kindern von wachsender Bedeutung. Ob im Alltag oder im
Familienurlaub – es gibt Alternativen zu Auto und Flugzeug.

Das Eltern-Taxi

Kindergarten und Schule, Freizeitaktivitäten wie Musik oder Sport – Eltern verbringen viel Zeit damit, ihre Kinder von einem Ort zum anderen zu bringen. Vor allem außerhalb großer Städte sind Familien oft auf ihr Auto angewiesen, da der öffentliche Verkehr zu wünschen übrig lässt. Eine Studie der Wiener Arbeiterkammer, die 2014 in den niederösterreichischen Regionen Triestingtal und Schneebergland durchgeführt wurde, zeigt: 83 Prozent aller Wege werden mit dem Pkw zurückgelegt, 7 Prozent zu Fuß und nur 2 Prozent mit öffentlichen Verkehrsmitteln.

Beim Weg zur Arbeit hat der Bahnverkehr einen höheren Stellenwert: 22 Prozent der Befragten gaben an, dass sie die Bahn regelmäßig für den Weg zur Arbeit nutzen; 5 Prozent nehmen das Fahrrad und 70 Prozent den Pkw. Auffällig war, dass 11 Prozent der mit dem Pkw zurückgelegten Wege kürzer als einen Kilometer waren, 29 Prozent kürzer als drei Kilometer und 40 Prozent kürzer als fünf Kilometer. Bei Frauen zeigt sich, dass 40 Prozent der Wegzeiten mit dem Auto der Beförderung von Kindern dienen. 54 Prozent der Befragten sind mit dem öffentlichen Verkehr (ÖV) in der Region nicht zufrieden, 47 Prozent vertreten die Meinung, dass ein besserer ÖV ihre täglichen Wege erleichtern würde – insbesondere, wenn dadurch die selbstständige Mobilität der Kinder unterstützt wird und somit weniger Begleitwege anfallen. Als Verbesserungsvorschläge wurden die Verkürzung von Intervallen und bessere Umsteigemöglichkeiten genannt sowie die Unterstützung der Mobilität zu Fuß und mit dem Rad durch Verbesserung der Verkehrsinfrastruktur. Weiters wünschten sich die Befragten Erleichterung und Unterstützung der gemeinschaftlichen Nutzung von Fahrzeugen.

Umweltsünder Auto

Laut VCÖ (Verkehrsclub Österreich) hatte 2013 der Straßenverkehr einen Anteil von 28 Prozent an Österreichs Treibhausgas-Emissionen, der Pkw-Verkehr alleine machte 15 Prozent aus. 22 Millionen Tonnen CO_2 wurden durch den Straßenverkehr verursacht, 12 Millionen davon gingen auf

Das Verhalten der Eltern bestimmt jenes der Kinder

DI Wiebke Unbehaun ist Raumplanerin und Senior Scientist am Institut für Verkehrswesen der Universität für Bodenkultur Wien. Ihre fachlichen Schwerpunkte sind Mobilitätsforschung und nachhaltiges Mobilitätsmanagement.

Wiebke Unbehaun

KONSUMENT: Warum werden so viele Kinder mit dem Auto zur Schule oder zu Freizeitveranstaltungen gebracht?
Unbehaun: Aus Angst vor Verkehrsunfällen und Gründen der Alltagsoptimierung. Im ländlichen Raum fehlt auch häufig die Abstimmung zwischen Schulanfangs- und -endzeiten und dem Busfahrplan. Häufig ist die Beaufsichtigung vor Schulbeginn ungeklärt, ebenso die Wegstrecke zwischen Wohnung und Haltestelle. Zum Teil fehlt es an Fuß- und Radwegen, auf denen Kinder selbstständig und sicher unterwegs sein können, und die Fahrpläne im öffentlichen Verkehr entsprechen nicht den Zielen und Zeiten der Freizeitaktivitäten. Im großstädtischen Umfeld dagegen werden unterschiedliche Möglichkeiten wie Zufußgehen, Radfahren und der öffentliche Verkehr eher genutzt.

Wie wirken sich die „Taxi-Dienste" auf den Nachwuchs aus?
Fehlende Übung kann zu späterer Unsicherheit im Straßenverkehr führen. Aktive eigenständige Mobilität schafft Selbstbewusstsein, senkt das Risiko für motorische Defizite und unterstützt die Selbstständigkeit und Kontaktfähigkeit der Kinder. Das Mobilitätsverhalten der Eltern bestimmt direkt das Mobilitätsverhalten und die spätere Verkehrsmittelwahl der Kinder.

Wie kann man Kinder bei eigenständiger Mobilität unterstützen?
Eltern sollten den natürlichen Bewegungsdrang und Wunsch nach Eigenständigkeit bei Kindern unterstützen. Sichere Wege können gemeinsam ausgewählt und geübt werden. In kurzen Merksätzen können Verhaltensregeln für einzelne Verkehrssituationen leicht abrufbar umschrieben werden. Wenn es dann losgeht, sollte genügend Zeit für den Weg eingeplant werden.

luminaimages/Shutterstock.com

das Konto von Pkws. „Der Verkehr verursacht heute fast dreimal so viele CO_2-Emissionen wie der Sektor Raumwärme, obwohl im Jahr 1990 die Sektoren Raumwärme und Verkehr noch gleichauf waren", sagt VCÖ-Sprecher Christian Gratzer. Im Vergleich zu 1990 ergibt das ein Plus von 29 Prozent alleine im Pkw-Verkehr. „Durch die Verlagerung von Autofahrten auf öffentliche Verkehrsmittel oder bei kürzeren Distanzen auf Radfahren und Gehen können große Mengen an Treibhausgasen vermieden werden", so Gratzer.

Neben dem enormen CO_2-Ausstoß sprechen weitere Gründe gegen die Nutzung eines Autos: Herkömmliche Fahrzeuge werden mit Erdöl betrieben. Katastrophen wie der Untergang der Ölplattform Deepwater Horizon im Golf von Mexiko 2010 zeigen, wie riskant und umweltschädlich das Ölgeschäft ist. Immer wieder ist Erdöl ein Auslöser für Kriege, wie die Hochschuldozenten Petros Sekeris (Universität von Portsmouth) und Vincenzo Bove (Universität von Warwick) feststellten. Sie untersuchten für eine Studie 69 Länder, in denen zwischen 1945 und 1999 Bürgerkriege gewütet hatten. In rund zwei Drittel der Konflikte griffen ausländische Mächte ein, unter anderem Großbritannien in Nigeria (1967 bis 1970) oder die USA im Irak 1992. Das Ergebnis der Studie: Länder, die über

Benzin (= Erdöl) als Kriegsauslöser

kadmy/Shutterstock.com

große Erdölreserven und eine gewisse Marktmacht verfügen, können auf militärische Unterstützung aus dem Ausland hoffen. Manchmal geht es aber auch andersrum: Erst kürzlich hat Shell sich nach weltweiten Protesten aus der Arktis zurückgezogen, da Bohrungen ein zu großes Risiko für das dortige Ökosystem darstellen würden.

Durch den Straßenverkehr werden auch massive Emissionen von Stickoxiden verursacht, die Herz und Lunge schädigen. So weist der VCÖ darauf hin, dass neue Diesel-Pkw-Modelle mit Abgasnorm EURO 6 im Schnitt das Siebenfache des Grenzwertes von 80 Milligramm ausstoßen. Entlang stark befahrener Straßen ist die Bevölkerung häufig einer höheren Belastung ausgesetzt, als die Immissionsgrenzwerte vorschreiben. Die stärksten Überschreitungen wurden im Jahr 2014 im Tiroler Vomp gemessen, aber auch in der Stadt Salzburg, in Wien (Hietzinger Kai), Feldkirch, Lienz und Innsbruck.

Gesundheitsschädliche Nebenwirkungen des Autofahrens

Weitere Nebenwirkungen des Autofahrens: Feinstaub und Ozon. Laut Weltgesundheitsorganisation WHO führt der durch den Verkehr verursachte Feinstaub in Österreich zu mehr als 2.000 Todesfällen pro Jahr, in Österreichs Städten werden die Grenzwerte regelmäßig überschritten. Bodennahes Ozon entsteht durch Luftschadstoffe und intensive Sonneneinstrahlung, die wichtigste Vorläufersubstanz sind Stickoxide. Laut Verkehrsclub Österreich (VCÖ) sind die Ozonwerte in den letzten Jahren kontinuierlich angestiegen, verantwortlich dafür ist die Zunahme des Straßenverkehrs. Ozon ist ein aggressives Reizgas, das zu Beeinträchtigungen der Lungenfunktion, Reizung der Schleimhäute und Bronchialstörungen führen kann. Zudem steht es im Verdacht, krebserregend zu sein.

Alternativen zum Auto

Bahnfahren mit kleinen Kindern mag, was den Komfort betrifft, auf den ersten Blick abschreckend wirken, bietet aber auch unschätzbare Vorteile (siehe „Aus eigener Erfahrung"). Bei der Umweltverträglichkeit liegt die Bahn klar vor Flugzeug und Auto. Und auch bei den Kosten schneidet die Bahn besser ab als das Auto: Mit der Vorteilscard Classic der ÖBB (Jahrespreis 99 Euro) sparen Erwachsene 50 Prozent des Fahrpreises, mit der

Treibhausgas-Emissionen im Vergleich (pro Person und Kilometer)

Die Zahlen zeigen den CO_2-Ausstoß im Verkehr, die Zahlen in Klammer inklusive jener Emissionen, die bei der Herstellung von Treibstoffen sowie bei Herstellung und Recycling des Fahrzeuges verursacht werden.

- Flugzeug (Inlandflug) ....730 Gramm (772)
- Pkw (Diesel) ....141 Gramm (173)
- Reisebus (Diesel)..43 Gramm (52)
- Linienbus (Diesel)..40 Gramm (48)
- Bahn (Österreich)..4 Gramm (14)
- Gehen, Radfahren..0 Gramm

Quelle: Umweltbundesamt, VCÖ 2016

Vorteilscard Family um 19 Euro fahren bis zu vier Kinder gratis mit – und das müssen nicht einmal die eigenen sein. Kleinkinder von 0 bis 5 Jahren zahlen ohnehin nichts. Die Vorteilscard Jugend (bis 26 Jahre) kostet 19 Euro im Jahr. Mit der Schulcard gibt es Ermäßigungen für Schulen und Jugendorganisationen. Für Vielfahrer ist auch die Österreichcard Familie interessant. Um nur 5,10 Euro pro Tag können Eltern mit ihren Kindern so oft und so viel Bahn fahren wie sie wollen. (Basis Österreichcard Familie 2. Klasse, Gesamtpreis 1.839 Euro/Jahr.)

Autofahren ist teuer

Wenn man alle Kosten für ein Auto wie Anschaffungspreis, Treibstoff, Öl, Parkgebühren, Reparaturen, Steuern, Versicherung, Wartung, Pflege, etc. zusammenrechnet, kommt man auf Gesamtkosten zwischen 6.000 und 9.000 Euro pro Jahr – bei einer Fahrleistung von 15.000 Kilometern. So gesehen sind öffentliche Verkehrsmittel unschlagbar günstig: Eine Jahreskarte kostet in Wien 365 Euro, in Graz 228 Euro, in Linz 408 Euro.

Eine Alternative zum eigenen Auto ist auch Carsharing, das jedoch meist nur in größeren Städten angeboten wird. Da abgelegene Ortschaften mit öffentlichen Verkehrsmitteln nicht immer gut erreichbar sind, sind die dort lebenden Menschen meist auf ein Auto angewiesen. Viele neue Supermärkte und Einkaufszentren sind ausschließlich für Autofahrer erreichbar. „Viele dieser Geschäfte liegen am Ortsrand, haben zahlreiche Auto-Parkplätze, aber es führen weder Geh- noch Radwege dorthin", kritisiert der Radfahrbeauftragte der Stadt Wien, Martin Blum. Eine Alternative für kurze Strecken ist das Fahrrad, bei längeren

Fahrten kann man auf Fahrgemeinschaften mit anderen Familien oder Mitfahrgelegenheiten zurückgreifen (siehe auch Kapitel „Gemeinsam Ressourcen nutzen", ▶ Seite 131).

Aktive Mobilität (zu Fuß gehen oder Rad fahren) wird vom Klimabündnis durch Mobilitätsberatungen unterstützt; für die Sicherheit der jüngeren Schulkinder sorgen entweder „Pedibus" oder „Velobus". Ähnliche Programme gibt es auch für Kindergärten. Eltern können Schulen oder andere Bildungseinrichtungen zu solchen Programmen „animieren".

Was Sie im Alltag tun können

- Gehen Sie möglichst oft zu Fuß, fahren Sie mit dem Fahrrad oder mit öffentlichen Verkehrsmitteln.
- Nutzen Sie für längere Strecken die Bahn.
- Fahrgemeinschaften mit Nachbarn, Freunden oder Familie bilden: Das ist nicht nur gut für die Umwelt, sondern auch für die Geldbörse.
- Mitfahrzentralen nutzen: Gerade für längere Strecken zahlt es sich oft aus, nicht selbst zu fahren, sondern eine Mitfahrgelegenheit zu finden. Oder einen Platz im eigenen Auto anzubieten.
- Nutzen Sie Carsharing-Angebote.
- Ziehen Sie die Anschaffung eines Elektroautos in Betracht.
- Fahrzeuge mit Hybridantrieb haben neben dem herkömmlichen Kraftstoffmotor auch einen Elektromotor. Bei niedrigeren Geschwindigkeiten übernimmt der Elektromotor die Arbeit, was den Verbrauch und somit die Emissionen reduziert.

Alternativen zum Autofahren

tai11/Shutterstock.com

Urlaubsreisen

Die UN-Welttourismusorganisation zählte 2012 erstmals mehr als eine Milliarde Auslandsreisen, davon ein Großteil Flugreisen. Das hat Auswirkungen auf die Umwelt: Schätzungen zufolge ist der Tourismus bereits für ca. 12 Prozent der globalen CO_2-Emissionen verantwortlich.

Massentourismus schadet Land und Leuten

Dazu kommt, dass die Ansprüche der Gäste in den Zielgebieten Konflikte um Land und Wasser verschärfen und den Druck auf Ökosysteme erhöhen. Arbeitnehmer werden zu prekären Bedingungen beschäftigt, Frauen benachteiligt und Kinder ausgebeutet. Hier beginnt die Verantwortung der Reisenden: Wenn Touristen sich bewusst machen, dass sie Spuren hinterlassen und die Lebensbedingungen der einheimischen Bevölkerung sowie den Zustand der besuchten Natur- und Kulturattraktionen mit beeinflussen, können Urlaubsziele auf nachhaltige Weise geschont werden.

Einen nachhaltigen und bewusst geplanten Urlaub wünschen sich immer mehr Menschen: Laut einer Umfrage von TripAdvisor, der weltweit größten Reise-Website, haben 25 Prozent der europäischen Urlauber bei der Planung ihres letzten Urlaubs „grüne Aspekte" mit einbezogen. Mehr als ein Drittel der Befragten plant, diesem Thema in Zukunft mehr Raum zu geben.

Umweltfreundliche Anreise

Ausschlaggebend für nachhaltiges Reisen ist die Anreise, vorzugsweise per Bahn oder Bus. „Wenn eine Familie zu viert mit dem Auto nach Kroatien fährt, ist das immer noch nachhaltiger als zu fliegen", erklärt Julia Balatka, Geschäftsführerin des auf nachhaltigen Urlaub spezialisierten Reisebüros Odyssee Reisen. Denn Flugzeuge gehören mit ihrem enormen CO_2-Ausstoß zu den größten Klimasündern: Der CO_2-Ausstoß ist in der Atmosphäre 2,7-mal schädlicher als in Bodennähe. Im Gegensatz zu Diesel, Benzin oder Heizöl wird für Kerosin keine Mineralölsteuer eingehoben. Diese Steuerbegünstigung für den Klimasünder Flugverkehr belief sich allein in Österreich im Vorjahr auf mehr als 200 Millionen Euro, macht der VCÖ aufmerksam. Seit dem Jahr 1990 haben sich die vom Flugverkehr

Klimasünder Flugverkehr

in der EU verursachten Treibhausgas-Emissionen auf rund 150 Millionen Tonnen jährlich fast verdoppelt.

Auch wenn Billigflüge im Vergleich zum Bahnfahren oft günstiger erscheinen, haben sie doch ihren Preis: Wenn man die versteckten Kosten für Gepäckmitnahme, Sitzplatzreservierung oder Buchungsgebühren hinzurechnet, sind die Billigflieger preislich gar nicht mehr so attraktiv. Zusätzlich werden bei allen Fluggesellschaften Steuern und Sicherheitsgebühren fällig. Bei Kurzstreckenflügen fällt auch das Argument des Zeitsparens weg: Die Zugfahrt von Wien nach München dauert knapp 4 Stunden, Tickets gibt es bei den ÖBB ab 29 Euro. Die reine Flugzeit von Wien nach München beträgt zwar nur 50 Minuten, dazu kommt aber die Zeit am Flughafen und der Flughafentransfer – 3,5 Stunden sind auch hier das Minimum. Tickets kosten je nach Angebot zwischen 50 und 100 Euro (One-way).

Auf kurzen Strecken lieber Bahn fahren als fliegen

Wer trotzdem nicht aufs Fliegen verzichten kann oder will und einen Beitrag zum Umweltschutz leisten möchte, kann die CO_2-Emissionen mithilfe von Kompensationsprojekten wie atmosfair ausgleichen. Auf der Website wird die Flugroute eingegeben, woraufhin der Emissionsrechner

Pavel L Photo and Video/Shutterstock.com

den Umweltschaden und den daraus resultierenden Kompensations-
betrag ermittelt. Dieses Geld verwendet atmosfair etwa dazu, erneuerbare Energien in Entwicklungsländern auszubauen. Andere seriöse
Anbieter einer CO_2-Kompensation sind MyClimate und GoClimate.

Nachhaltig urlauben

Wer im Urlaub Wert auf Nachhaltigkeit legt, findet Informationen vor
allem im Internet (siehe Links am Kapitelende), aber auch bei spezialisierten Reiseveranstaltern wie Weltweitwandern oder Reisebüros wie
Odyssee Reisen. Das Wiener Reisebüro, das sozial verträgliche und nachhaltige Reisen vermittelt, wurde mit dem Qualitätssiegel „CSR Tourism
Certified" für den höchsten Nachhaltigkeitsstandard im Tourismus ausgezeichnet. Das Reisebüro hat familienfreundliche, naturnahe Unterkünfte
Es muss mit Geheimtipp-Charakter oder speziell auf Kinder und Jugendliche zu-
nicht immer geschnittene Angebote im Programm. „Bei herkömmlichen Tourismus-
All-inclusive sein Angeboten werden Mensch und Natur im Urlaubsland oft ausgebeutet",
weiß Geschäftsführerin Julia Balatka. „Wir bieten statt All-inclusive-
Urlaub kleine, landestypische Unterkünfte." Touristen sollten sich immer
die Frage stellen: Wem gehört das Hotel? „Große Hotelketten sind oft
nicht im Urlaubsland beheimatet und rekrutieren die top bezahlten
Hotelmanager im eigenen Land", erklärt Balatka. „Die einheimischen
Angestellten werden dagegen mit Billiglöhnen abgefertigt." Hotels mit
Gütesiegel schneiden im Vergleich mit herkömmlichen weit besser ab
(siehe Kasten ▶ Seite 81).

Wegweiser durch den Gütesiegel-Dschungel

Die Tourismusbranche produziert ständig neue Gütesiegel, die die Nachhaltigkeit ihres Angebotes unter Beweis stellen sollen. Im Rahmen einer
Kooperation zwischen Deutschland, Österreich und der Schweiz wurde
nun ein „Wegweiser durch den Labeldschungel" herausgegeben. In
Österreich ist er bei den Naturfreunden erhältlich (Download: www.nf-int.
org > Publikationen).

Die drei wichtigsten Gütesiegel

Das **Österreichische Umweltzeichen** war das erste staatliche Ökolabel im Tourismus weltweit. Es wurde 1996 für Hotels und Restaurants einge-führt und wird seit 2008 auch für Pauschalreiseangebote in Österreich und anderen Ländern vergeben. Das Österreichische Umweltzeichen zeichnet u.a. Beherbergungsbetriebe für ihre Spitzenqualität und umweltfreund-liche Politik aus. Ökologische Lebensmittel von regionalen Anbietern sind hier genauso selbstverständlich wie der verantwortungsvolle Umgang mit Wasser und Energie. Auch einige Familienhotels tragen das Umweltzei-chen. Ende 2015 waren knapp 350 Beherbergungs- und Gastronomie-betriebe (inkl. Catering) mit dem staatlichen Gütesiegel ausgezeichnet (www.umweltzeichen.at > Tourismus).

Knapp 800 Betriebe in ganz Europa, davon etwa 50 in Österreich, führen das **EU-Ecolabel**. Die Auswahlkriterien sind vergleichbar mit jenen des Umweltzeichens (www.eco-label.eu).

Das Zertifikat **CSR-tourism-certified** kennzeichnet basierend auf interna-tionalen Qualitäts- und Umweltmanagement-Standards vorbildliche Unter-nehmen. Überprüft wird anhand von ca. 250 Kriterien und Indikatoren die gesamte Wertschöpfungskette – vom Papierverbrauch im Büro über die Größe der Reisegruppen bis zur Art der Anreise (www.tourcert.org).

Urlaub im Zelt

Viele Kinder lieben es, im Zelt zu übernachten, und daher bietet sich – wenn auch die Eltern sich dafür erwärmen können – ein Campingurlaub mit der Familie an.

Betreiber von Campingplätzen, die mit dem Österreichischen und dem Europäischen Umweltzeichen ausgezeichnet sind, garantieren nachhal-tiges und ökologisches Wirtschaften: Mindestens 50 Prozent des Stroms aus erneuerbaren Quellen, energiesparende Beleuchtung oder eine geregelte Abwasserentsorgung – das sind nur einige der Kriterien, die Campingplätze zu erfüllen haben, bevor sie das Umweltzeichen bean-tragen können.

In Österreich führen derzeit 11 Campingbetriebe das Österreichische Umweltzeichen.

Nachhaltig zelteln

Internationale Labels:

- Etwa 130 Betriebe in ganz Europa, davon 12 in Österreich, führen das EU-Ecolabel für Campingbetriebe (www.ecolabel.eu).
- „The Green Key" kennzeichnet umweltfreundliche Tourismus-betriebe in Europa; Campingbetriebe vor allem in Frankreich, den Niederlanden, Belgien und Dänemark (www.green-key.org).
- Der italienische Umweltverband „Legambiente Turismo" arbeitet eng mit den Urlaubsregionen zusammen und stimmt die Kriterien mit diesen ab. Ausgezeichnet sind ca. 20 Campingplätze (www.legambienteturismo.it).
- Ecocamping ist eine Initiative für nachhaltigen Campingtourismus in Europa, vor allem Deutschland (www.ecocamping.net).

Aus eigener Erfahrung

Bahnfahren – vor allem mit Kindern – hatte für mich immer schon etwas von einem Abenteuer. Als die Kinder noch klein waren, war es hin und wieder auch anstrengend, wenn nicht gar nervenraubend. Beim Ge-

oliveromg/Shutterstock.com

Urlaub am Bio-Bauernhof

Der Bio-Bauernhof Hipp-Bruckner im oberen Waldviertel ist auf Familienurlaube sowie Kinder- und Jugendgruppen ausgerichtet. Am Rand des Ortes Großschönau gelegen, bietet der Hof alles, was das Kinderherz begehrt: einen Indoor-Spielplatz im 600 m² großen Heustadel, eine Hausbibliothek, viele Tiere wie Hund, Katzen, Hasen oder Zwergziegen und einen Spielplatz mit Fußballwiese. Es gibt Familienzimmer und Ferienwohnungen, die Eltern können im hauseigenen Dampfbad oder im römischen Bad entspannen. „Im Tepidarium haben wir zusätzlich zum römischen Bereich ein beheiztes Sandbett, das auch von Kindern zum Spielen genutzt werden kann", erklärt Bio-Bäuerin Maria Hipp. Die Umgebung bietet zahlreiche Ausflugsmöglichkeiten, etwa zur Sonnenwelt Großschönau: Ziel der interaktiven Dauerausstellung ist, Kinder wie Erwachsene für den Klimaschutz sowie für Maßnahmen wie Ressourcenschonung, Energieeffizienz und erneuerbare Energie zu begeistern. „Die Sonnenwelt erklärt die Zusammenhänge zwischen dem eigenen Tun und den Veränderungen unserer Umwelt und macht Lust auf verantwortungsbewusstes Handeln in der Zukunft", steht auf der Homepage. In der nahe gelegenen Papiermühle Mörzinger können Besucher zusehen, wie Papier hergestellt wird.

danken an eine stundenlange Autofahrt, auf der zwei quengelnde Kinder am Rücksitz bei Laune gehalten werden müssen, zogen wir das Bahnfahren jedoch immer vor. Das hatte unschätzbare Vorteile: Im Zug können Kinder sich frei bewegen und sind nicht mit einem Gurt festgeschnallt. Wenn die Nerven blank lagen, konnte ich den Sitzplatz oder gleich den Wagen wechseln und vielleicht im Speisewagen etwas verschnaufen. Zumindest so lange, bis mein Mann in der Tür stand und ebenfalls eine Pause einforderte. Mittlerweile sind unsere Kinder alt genug, um sich selbst zu beschäftigen. Umso entspannter sind unsere Bahnfahrten geworden. Mein Mann und ich haben nie ein Auto besessen. Wir fahren regelmäßig zu den Großeltern nach Bad Ischl, einmal reisten wir mit dem Nachtzug nach Venedig und dann weiter mit der Fähre nach Korfu, ein anderes Mal per Bahn nach Triest und mit dem Bus nach Istrien. Das Schönste daran ist, sich dem Ziel gemächlich und ohne Hast anzunähern.

Wir brachten unseren Kindern bei, sich selbstständig um ihr Gepäck zu kümmern und mit anzupacken, wenn es ans Umsteigen geht. Und nicht zuletzt wissen sie jetzt, dank unermüdlichen Gesprächen mit ihren Eltern, über die umwelt- und gesundheitsschädlichen Auswirkungen des Autofahrens Bescheid.

Radfahren mit Kindern

Grundsätzlich dürfen Kinder ab 12 Jahren alleine mit dem Rad fahren. Für Kinder mit Fahrradausweis gilt ein Mindestalter von 10 Jahren für unbeaufsichtigtes Fahren. Die Radfahrprüfung wird oft im Rahmen des Schulunterrichts in der 4. Klasse Volksschule durchgeführt. Das Ablegen der Prüfung erfolgt freiwillig und berechtigt Kinder im Alter von 10 bis 12 Jahren zum Lenken eines Fahrrades im Straßenverkehr ohne Begleitperson. Kinder unter 12 Jahren, die keinen Fahrradausweis besitzen, müssen von einer Person beaufsichtigt werden, die mindestens 16 Jahre alt ist.

Kinder bis 8 Jahre können in einem Kindersitz auf dem Fahrrad oder mit einem Fahrradanhänger befördert werden. Für die Ausstattung und Montage von Kindersitzen, Fahrradanhängern und Transportkisten gibt es in der Fahrradverordnung genaue Vorschriften: Ein Kindersitz darf nur direkt hinter dem Sattel auf dem Fahrrad angebracht werden, die Montage eines Kindersitzes auf der Lenkstange ist nicht mehr erlaubt. Kinder bis zum vollendeten 12. Lebensjahr müssen einen Radhelm tragen (Radhelmpflicht). Verantwortlich dafür, dass das Kind den Helm auch trägt, ist seine Aufsichtsperson. Das gilt auch für Kinder unter 12 Jahren, die in einem Fahrradanhänger befördert oder auf einem Fahrrad mitgeführt werden.

Radtouren

Mit kleineren Kindern, die noch im Kindersitz oder im Kinderanhänger sitzen, ist eine Fahrradtour einfach zu planen: Für die kleinen Fahrgäste sollten lediglich genügend Pausen und Unterhaltung eingeplant werden. Wenn die Kinder groß genug sind, um selbst auf ein Rad zu steigen, ist einiges zu berücksichtigen: Die Fahrkenntnisse, die Sicherheit im Verkehr und die Lust des Kindes am Radeln sollten in einer geschützten Umgebung überprüft werden. Für den Anfang bieten sich Trailerbikes an: Die Kinder sind durch eine Stange mit dem Erwachsenen verbunden und können mittreten. Das hat den Vorteil, dass eine Radtour nicht abgebrochen werden muss, wenn das Kind müde wird.

Planen Sie die Radtour am besten mit den Kindern gemeinsam. Es sollten vor allem verkehrsarme Strecken befahren werden; ebenso gilt es, starke Steigungen und Abfahrten zu vermeiden. Als Ziel oder für eine ausgedehnte Pause kann ein Spiel- oder Badeplatz ausgesucht werden. Die Strecke sollte nur so lang sein, dass auch das schwächste Kind sie schafft. Geübte Kinder können bis zu 30 Kilometer am Tag radeln; das sollte aber erst einmal abgetestet werden. Wichtig sind in jedem Fall genügend Pausen und die Möglichkeit, die Tour bei Schlechtwetter oder plötzlicher Erschöpfung abkürzen zu können.

Kinder haben Spaß an Fahrradausflügen

Mountainbiken mit älteren Kindern

Auch am Urlaubsort gibt es oft einen Fahrradverleih; in gut ausgestatteten Familienhotels kann man häufig auch Fahrradanhänger kostenlos ausleihen. Fahrräder mit Kindersitzen sind dort ebenfalls zu bekommen. Ein Vorteil beim Radfahren: Man sieht Dinge, die bei der schnelleren Fahrt mit dem Auto oft verborgen bleiben. Bei einem Urlaub am Meer kann die ganze Familie direkt zum Strand radeln und sich damit oft einen längeren Fußmarsch sparen.

Für ältere Kinder könnte ein Urlaub mit Mountainbikes interessant sein. Einige Familienhotels bieten Mountainbiketouren an. Radwandertouren entlang von Flüssen, die sich aufgrund der geringen Steigungen hervorragend für Familien mit Kindern eignen und mit dem Österreichischen Umweltzeichen für Reiseangebote ausgezeichnet sind, bietet der spezialisierte Reiseveranstalter OÖ Touristik an.

Skifahren –
Schnee von gestern?

Schneeschmelze in Österreichs Skigebieten

Laut einer aktuellen Studie des Klima- und Energiefonds ist der Wintertourismus in Österreich vom Klimawandel besonders betroffen: Bis 2050 wird es jährlich eine Million Nächtigungen weniger geben. „Wintertourismus wird in vielen Lagen Österreichs kürzer oder gar nicht mehr in der bekannten Form stattfinden können", meint Klimaexperte Karl Steiniger. Der Grund: Es gibt immer weniger Schnee, im vergangenen Jahrhundert ist die Temperatur in Österreich im Jahresmittel um 1,8 Grad C gestiegen.

gorillaimages/Shutterstock.com

Viele Wintersportorte wollen der Natur ein Schnippchen schlagen und erzeugen auf künstliche Weise Schnee. Das hat Folgen: Die Grundbeschneiung für die heimischen Pistenflächen beträgt laut Alpenverein etwa 30 cm Schneehöhe. Bei Annahme von 0,5 m³ Wasser und ca. 5 kWh Strom für einen Kubikmeter Schnee benötigt der Skigebietsbetreiber alleine für die Grundbeschneiung eines Hektars bis zu 1.500 m³ Wasser (1,5 Mio. Liter) und bis zu 21.000 kWh Strom. Zum Vergleich: ein Zwei-Personen-Haushalt verbraucht durchschnittlich 3.030 kWh Strom und 70 m³ Wasser im Jahr.

Einige Kantone der Schweiz beschneien bereits mit Bakterienzusätzen, was eine Beschneiung bei höheren Temperaturen ermöglicht. Auch in anderen Ländern wird über die Zulassung chemischer und biologischer Zusätze im Beschneiungswasser diskutiert, um eine schneearme Saison doch noch zu retten. Noch weiß niemand genau, welche Auswirkungen das auf das Ökosystem haben wird.

Andere Skigebiete, die unter Schneemangel leiden, sind erfinderischer, etwa die Gaissauer Bergbahnen: Zu den Weihnachtsfeiertagen 2015 wurde der Liftbetrieb mit einem Sessellift aufgenommen, um „die völlig schneefreien Almwanderwege leicht und schnell erreichbar zu machen", wie Geschäftsführer Gernot Leitner erklärte. Auch die Hütten waren geöffnet und standen zum „weihnachtlichen Sonnenbaden auf den Terrassen" bereit, so Leitner. Die Kartenpreise wurden dafür reduziert.

Kunstschnee schadet der Umwelt

Was Sie tun können

- Bevorzugen Sie Skigebiete mit genügend Naturschnee.
- Suchen Sie Alternativen wie Wandern oder Eislaufen.
- Kaufen Sie nicht jedes Jahr eine neue Skiausrüstung für Ihre Kinder, sondern nutzen Sie Skiverleihe.
- Auch andere Sportgeräte wie Eislaufschuhe kann man ausleihen bzw. gebraucht kaufen.

„Österreichs öffentlicher Verkehr steckt in den Kinderschuhen"

Thomas Hader

„Wir haben sogar die Anschaffung eines Autos überlegt", sagt Thomas Hader, Vater von zwei Kleinkindern. Bis vor Kurzem waren der Verkehrsexperte der Wiener Arbeiterkammer und seine Frau überzeugte Bahn- und Öffi-Nutzer und auf vielen Strecken mit Fahrrad und Kinderanhänger unterwegs. „Unser letzter Urlaub in Österreich war jedoch eine logistische Herausforderung", erklärt Hader. „Das begann schon beim Ticketkauf, da es je nach Bundesland und Verkehrsbetreiber unterschiedliche Voraussetzungen für Familienermäßigungen gibt. Bei der Zugfahrt selbst wurde die Wagenreihung des Zuges verkehrt herum angezeigt und wir mussten den ganzen Zug mit dem Kinderwagen durchqueren. Vom Ankunftsort brauchten wir ein Taxi zu unserem Urlaubsort, da es keine öffentliche Verbindung gab – das kostete uns 60 Euro. Und der Hotelbetreiber beantwortete meine Frage nach einer möglichen Zusammenarbeit mit einem Taxiunternehmen lapidar: ,Wegen zwei Urlaubsgästen pro Jahr, die kein Auto haben?'" Bevor der Wiener jedoch ein eigenes Auto kauft, möchte er sich noch mit der Möglichkeit eines Leihautos befassen. „Es ist eine verlockende Vorstellung, bei einem Kurzurlaub mit zwei kleinen Kindern das Gepäck einfach ins Auto zu packen und loszufahren." Hader wünscht sich eine Verbesserung des öffentlichen Verkehrsnetzes in Österreich – „vor allem die erste und letzte Meile ist oft ein Problem" – und einen Ausbau der Fahrradwege, denn „der öffentliche Verkehr steckt hierzulande noch in den Kinderschuhen". (Anmerkung: Die „letzte Meile" bezeichnet den letzten Streckenabschnitt zum Zielort.)

Links

Verkehrsclub Österreich (VCÖ)	www.vcoe.at
Studie AK Wien	wien.arbeiterkammer.at > Studien > Verkehr und Infrastruktur > Unterwegs zwischen Erwerbs- und Familienarbeit
Vergleich von Energieverbrauch und CO₂-Ausstoß im europäischen Verkehr	http://ecopassenger.com

www.mitfahrzentrale.at www.mitfahrgelegenheit.at/Carsharing www.zipcar.at www.car2go.at	**Mitfahrzentralen und Carsharing**
https://carsharing247.com www.carusocarsharing.com	**Privates Carsharing**
www.vcoe.at > Projekte > sicherer Schulweg	**Sicherer Schulweg**
https://www.bmfj.gv.at >Familie > finanzielle Unterstützungen > Freifahrt und Fahrtenbeihilfen > Schüler	**Schülerfreifahrt**
www.vor.at > Schüler&Lehrlinge	**Top Jugendticket**
www.klimabuendnis.at > Schulen/KiGa www.schulenmobil.at	**Mobilitäts-beratungen und -projekte für Schulen und Kindergärten**
www.odyssee-reisen.at	**Odyssee Reisen**
www.weltweitwandern.at	**Weltweitwandern**
http://forumandersreisen.de	**Forum Anders Reisen**
www.austria.info > Service & Fakten > Praktische Hinweise > Im Einklang mit der Natur	**Nachhaltig Urlauben in Österreich**
www.nfi.at > Tourismus	**Naturfreunde/ respect**

Fairreisen	www.fairreisen.at
EcoBnB	http://ecobnb.com
Tipps des WWF	www.wwf.at/de/reise
Umweltzeichen Hotels	www.umweltzeichen-hotels.at
Umweltzeichen Pauschalreise- angebote	www.umweltzeichen-reisen.at > Zertifikate
Radtouren mit Umweltzeichen	www.radurlaub.com
Camping mit Umweltzeichen	www.umweltzeichen.at > Tourismus > Camping
Urlaub am Bauernhof	www.urlaub-anbieter.com > Österreich > Urlaub am Bauernhof > Kinderbauernhof
OÖ Touristik	www.touristik.at
Familienhotels in Österreich	www.oesterreich-familienhotels.at
Flug- kompensation	www.atmosfair.de www.myclimate.org www.goclimate.de
ÖBB Vorteilscard	www.oebb.at > Ermäßigungskarten > Vorteilscard
Radfahren mit Kindern	www.help.gv.at > Freizeit und Straßenverkehr > Rad fahren > Fahrrad und Kind www.argus.or.at > Rad und Kind > Radausflüge Kinder

Spielen und kommunizieren

Ob Barbie oder Star Wars, Konsole oder Smartphone – gerade
bei Spielzeug und elektronischen Geräten lassen Herstellungsbedingungen und Umweltverträglichkeit oft zu wünschen übrig.

Spiel dich frei

80 Prozent des in Österreich verkauften Spielzeugs werden in China hergestellt. Dort arbeiten rund vier Millionen Menschen in der Spielzeugproduktion, 80 Prozent davon sind Frauen im Alter zwischen 15 und 30 Jahren. Der Verein für Konsumenteninformation (VKI) gab 2012 gemeinsam mit anderen europäischen Verbraucherorganisationen eine Untersuchung der Produktionsbedingungen der wichtigsten Markenhersteller in Auftrag – von Mattel über Walt Disney, Lego, Playmobil bis Hasbro und MGA (veröffentlicht in KONSUMENT 12/2012). Das Ergebnis: grobe Missstände wie übermäßig lange Arbeitszeiten und zu niedrige Entlohnung. So gibt es Berichte, dass die – überwiegend weiblichen – Arbeitskräfte in der Saison 12-Stunden-Schichten ableisten müssen, sieben Tage in der Woche. Das erlaubte Überstundenlimit wird damit bei Weitem überschritten, gleichzeitig liegt die Überstundenzahlung mit 75 Euro-Cent pro Stunde unter dem gesetzlichen Limit. Kost und Quartier werden automatisch vom Lohn abgezogen, auch wenn die Arbeiter dies gar nicht in Anspruch nehmen. Die Schlafsäle sind schmutzig und überfüllt, Ratten und Wanzen keine Seltenheit.

FamVeld/Sutterstock.com

Viel hat sich seither nicht geändert. 2015 ergab eine Untersuchung von China Labor Watch in fünf chinesischen Spielzeugfabriken, die Unternehmen wie Mattel, Fisher Price, Disney oder McDonald's beliefern, Arbeitszeiten von 11 Stunden pro Tag an sechs Tagen die Woche, zu Mindestlöhnen. Viele Arbeiterinnen arbeiten stundenlang ohne Pause durch.

Mattel & Co ignorieren Arbeitsrechte

Der internationale Spielzeugindustrieverband ICTI (International Council of Toy Industries) implementierte zwar einen Verhaltenskodex, der faire Arbeitsbedingungen sowie Sicherheit und Gesundheit der Arbeitnehmer zum Inhalt hat. Große Hersteller wie Mattel (Barbie, WWE) halten sich jedoch nicht an diesen Kodex, Proteste von chinesischen Arbeiterinnen verhallen meist ungehört. Das chinesische Arbeitsrecht sieht für die Industrie eigentlich eine 40-Stunden-Woche, beschränkte Überstunden und eine Sozialversicherung vor. In neun von zehn Fällen halten sich die Fabriken aber nicht an diese Vorgaben.

Problematische Inhaltstoffe

Bei buntem Kunststoffspielzeug kommen verschiedene Kunststoffe zum Einsatz, die bei der Produktion und Entsorgung jeweils unterschiedliche ökologische und gesundheitliche Auswirkungen haben. Bei Kunststoffspielzeug sollte die Wahl auf Produkte aus chlorfreien Kunststoffen fallen (z.B. Polyethylen/PE oder Polypropylen/PP). Im Zweifel fragen Sie den Fachhändler nach der verarbeiteten Kunststoffart. Spielzeug, das PVC enthält, sollte grundsätzlich vermieden werden. PVC ist von der Produktion bis zur Entsorgung ein problematisches Umweltgift. Zudem wird es aufgrund seiner Härte häufig mit sogenannten Weichmachern (Phthalaten) versetzt, die langfristig gesundheitsschädigende Wirkung haben. Phthalate können sich durch Speichel aus dem Kunststoff lösen und in den Körper gelangen. Seit 1999 ist die Verwendung von Phthalaten in Spielzeug für Kinder bis zum Alter von

Vorsicht bei Plastikspielzeug

Oksana Kuzmina/Sutterstock.com

36 Monaten europaweit verboten. Trotzdem muss die Verwendung von PVC auf der Verpackung nicht gekennzeichnet werden; auf Importprodukten wird es oft als „Vinyl" getarnt. Bei einem Test der Stiftung Warentest wurden in 42 von 50 gängigen Spielzeugprodukten Phthalate gefunden.

Es kommt immer wieder Spielzeug auf den Markt, das die Gesundheit der Kinder gefährden kann. Um die Sicherheit von Spielzeug zu überprüfen, führt die Österreichische Agentur für Gesundheit und Ernährungssicherheit (AGES) Untersuchungen bezüglich verschiedener Substanzen und physikalischer Eigenschaften durch. Bei Verdacht auf unsicheres Spielzeug können Sie die AGES kontaktieren (siehe Links am Kapitelende).

Gesundheitsschädliche Nebenwirkungen

Ob Spielzeug giftfrei, farb- und speichelecht oder fair produziert ist, lässt sich an einem Gütesiegel erkennen. Das „Spiel gut"-Label kennzeichnet pädagogisch wertvolles Spielzeug, das von Fachleuten getestet und gemeinsam mit Kindern erprobt wurde. Hinsichtlich ihrer Umweltverträglichkeit werden die Produkte auf verwendetes Material, Langlebigkeit, Wiederverwendbarkeit, Produktion, Gebrauch und Entsorgung überprüft. Hinsichtlich Sicherheit müssen diese Produkte den EU-Normen entsprechen.

Leider ist auch Holzspielzeug oft nicht frei von Schadstoffen, wie ein Test der Stiftung Warentest ergab: So fanden die Tester in einer Holzeisenbahn Flammschutzmittel, polyzyklische aromatische Kohlenwasserstoffe und Nickel.

Eltern sollten Spielzeug mit Gütesiegel bevorzugen. Unabhängige Institute vergeben das GS-Zeichen für geprüfte Sicherheit und eigene Siegel. Das GS-Zeichen stellt höhere Anforderungen und bietet mehr Schutz als das CE-Zeichen. Mit Letzterem versichern die Hersteller nur, dass sie sich an die gesetzlichen Vorgaben der EU halten. Unabhängige Kontrollen finden nicht statt.

Spielend nachhaltig

Einige Beispiele dafür, wie Nachhaltigkeit auf spielerische Weise vermittelt werden kann (siehe auch Links):

- Keep cool – setzen Sie das Klima aufs Spiel
- Öko – wer erzielt die größte Lebensqualität?
- Öko Simulator (PC)
- Das Umweltspiel Econerds ist als Brettspiel im Handel erhältlich und kann auch online gespielt werden.

Spielkonsolen

Konsolen wie Playstation (Sony), Wii (Nintendo) oder xBox (Microsoft) sind aus dem Kinderzimmer kaum mehr wegzudenken. Über Herstellungsbedingungen oder Umweltbelastung ist nur wenig bekannt, weit weniger als beispielsweise von Handys, die immer wieder in den Brennpunkt der Kritik rücken.

Konsolenhersteller halten Infos zurück

   Die deutsche Initiative Rank a Brand, die Befragungen von großen Unternehmen durchführt, verleiht Microsoft und Sony jeweils eine D-Bewertung (A = sehr gut, E = nicht empfehlenswert). Ein Hauptgrund ist, dass beide Unternehmen nicht ausreichend Informationen zum Umweltschutz veröffentlichen. Zudem weist der Verhaltenskodex für faire Arbeitsbedingungen in der Produktion wesentliche Schwächen auf.

Zur Vermeidung des Bezuges von Konfliktmineralien (► Seite 101) sind Microsoft und Sony hingegen in mehreren Initiativen aktiv geworden. Zudem wurde eine Klimabilanz veröffentlicht sowie ein wesentlicher Anteil der Treibhausgasemissionen in den letzten Jahren eingespart.

Nintendo schneidet schlecht ab

Nintendo erhält gar nur eine E-Bewertung: Nintendo berichte nicht transparent darüber, ob Produkte fair, klima- oder umweltfreundlich hergestellt und gehandelt werden, so die Tester.

Positiv bewerten die Profibastler der Reparaturplattform iFixit die Xbox One: 8 von 10 Punkten gehen an das „gut gemachte modulare Design", dank dem „alle Laufwerke, Ventilatoren, Hitzeverteiler und drahtlosen Komponenten" relativ einfach ausgetauscht werden könnten.

Was Sie bei Spielzeug beachten sollten

• Schreiben Sie an Ihren bevorzugten Markenhersteller oder Händler: Adressen oder Kontaktformulare finden Sie auf deren Homepages, die meisten Unternehmen sind auch auf Facebook vertreten. Fordern Sie sie auf, sich mehr für die Rechte ihrer Arbeitskräfte einzusetzen und aktiv nach alternativen, unkritischen Stoffen zu suchen
• Achten Sie auf Gütezeichen, die Umweltaspekte berücksichtigen (z.B. „Blauer Engel" oder „Spiel gut"), und auf Hersteller, die soziale Standards einhalten.
• Achten Sie bei Holzspielzeug auf das FSC- und das PEFC-Zeichen.
• Sollte etwas kaputt gehen: Es gibt auch Betriebe, die Spielzeug reparieren, z.B. den Puppendoktor.
• Kaufen Sie hochwertiges, haltbares Spielzeug.
• Spielzeug mit starkem, „typischem" Plastikgeruch sollte vermieden werden. Neue Plüschtiere bei niedriger Temperatur waschen, um mögliche Schadstoffe zu entfernen.
• Vermeiden Sie den Kauf batteriebetriebener Spielwaren. Batterien sind Problemstoffe und in Spielwaren nicht immer kindersicher eingebaut.

- Bringen Sie Spielzeug, das nicht mehr gebraucht wird, zur nächsten Caritas-Sammelstelle, in einen Secondhand-Laden oder gehen Sie damit zum Flohmarkt. Auf tausch-dich-fit.de können Ihre Kinder ihr altes Spielzeug mit anderen Kindern tauschen. Das ist gut für Umwelt und Klima – und auch für Ihren Geldbeutel.
- Kaufen Sie Spielzeug und Fußbälle aus fairer Produktion, erhältlich u.a. in den Weltläden.
- Die Aktion „fair spielt" informiert mit einer regelmäßig aktualisierten Liste auf ihrer Website, welche Spielzeugfirmen grundlegende Arbeitsnormen und Menschenrechte beachten. Ein eigenes Label für „faires" Spielzeug gibt es noch nicht.

Die Macht der elektronischen Geräte

Eltern kennen die Problematik: Ab einem bestimmten Alter der Kinder sind Handy und Smartphone ein Thema. Welches Alter das sein soll, darüber gehen die Meinungen auseinander. Heute hat jedoch ein Großteil der 10- bis 11-Jährigen bereits ein Handy; immer öfter ist es ein Smartphone. Handys werden längst nicht nur zum Telefonieren benutzt, vielmehr zur schriftlichen Kommunikation, zum Spielen, Fotografieren oder Musikhören – und als Zugang zum Internet. Für eine Studie im Auftrag der Landesmedienanstalt Nordrhein-Westfalen (LfM) wurden 500 Kinder und Jugendliche im Alter von 8 bis 14 Jahren zur Nutzung ihres

Ab welchem Alter ist ein Handy sinnvoll?

Africa Studio/Sutterstock.com

Handys befragt. Das Ergebnis: 64 Prozent der 8- bis 14-Jährigen können über das Handy bzw. Smartphone aufs Internet zugreifen. Bei den 13- und 14-Jährigen sind es bereits 86 Prozent. Worum es den meisten Jugendlichen dabei geht, wird im ersten Satz der Studie zusammengefasst: „Insbesondere die Kommunikation mit Gleichaltrigen – durch Instant Messaging sowie Telefonieren – nimmt stark zu."

Fast die Hälfte der Befragten gibt zu, durch das Handy abgelenkt zu werden, etwa von den Hausaufgaben, oder unüberlegt persönliche Daten preiszugeben. Jeder Fünfte gibt schulische Probleme durch zu starke Handynutzung zu. Jeder Vierte fühlt sich durch die permanente Kommunikation über Messenger-Dienste wie WhatsApp gestresst. Jeder Zehnte ist bereits Opfer digitalen Mobbings oder von Ausgrenzung aus WhatsApp-Gruppen geworden. „Die exzessive Nutzung der Smartphones durch Kinder und Jugendliche entsteht zu einem Teil durch die Angst, aus dem Kommunikationsprozess des Freundes- oder Bekanntenkreises ausgeschlossen zu werden", erklärt Studienautorin Karin Knop von der Uni Mannheim. So entstehe ein „permanenter Kommunikationsdruck". Man kann es aber auch positiv betrachten: Beim Handy dreht sich vieles um Kommunikation und sozialen Austausch. „Hier haben Erziehende einen Vorsprung, der sie dazu ermuntern sollte, mit Kindern und Jugendlichen über die Nutzung ins Gespräch zu kommen", rät LfM-Direktor Dr. Jürgen Brautmeier.

Klar ist, dass Eltern ein Vorbild für ihre Kinder sind – auch bei der Handynutzung, die zunehmend auch bei Erwachsenen ein vernünftiges Maß überschreitet. Laut einer 2013 vom norwegischen Sender NRK veröffentlichten Studie klagen immer mehr Kinder darüber, dass die Eltern zwar da seien, aber ihre Aufmerksamkeit eher Smartphones oder Tablets schenkten. Elf Prozent der befragten Mädchen und Jungen fühlen sich von ihren Eltern vernachlässigt, in Oslo leidet sogar jedes fünfte Kind darunter. In Schweden beklagte jedes dritte Kind die mangelnde Aufmerksamkeit der Eltern. Zwölf Prozent der schwedischen Erziehungsberechtigten gaben bei der Befragung zu, aufgrund ihrer Smartphone-Nutzung die Sorgfaltspflicht auf Spielplätzen oder in Schwimmbädern zu vernachlässigen, in Stockholm waren es sogar 20 Prozent.

„Österreicher telefonieren wegen jeder Kleinigkeit"

Mag.ᵃ Sandra Gerö ist Klinische und Gesundheitspsychologin mit Schwerpunkt Kinder und Jugendliche sowie neue Medien.

KONSUMENT: Ab welchem Alter ist ein Handy sinnvoll?
Gerö: Das ist eine Entscheidung, die Eltern individuell treffen müssen und die davon abhängt, wofür das Handy gebraucht wird. Viele Kinder bekommen heute zur Erstkommunion ein Mobiltelefon, also mit acht oder neun Jahren.

Inwiefern können Eltern Vorbilder sein?
Kinder übernehmen eins zu eins das Verhalten ihrer Eltern; wenn diese ihr Handy oder das Internet sehr intensiv nutzen, werden die Kinder das auch tun.

Wie können Eltern ihren Kindern den richtigen Umgang mit dem Internet beibringen?
Wichtig ist, dass Erwachsene sich in diesem Bereich selbst weiterbilden, z.B. auf saferinternet.at, und nicht davon ausgehen, dass der Nachwuchs sich ohnehin besser auskennt. Das erfordert natürlich auch eine gewisse Selbstreflexion. Viele Eltern benützen Internet oder Fernsehen als „Babysitter", um die Kinder zu beschäftigen, und überlassen diese dabei sich selbst. Erwachsene müssen den richtigen Umgang mit neuen Medien jedoch oft selbst erst lernen und sollten sich kritisch damit auseinandersetzen.

Sandra Gerö

Wie können Kinder einen vernünftigen Umgang mit dem Handy lernen?
Kinder brauchen klare Regeln – auch hier sind die Eltern Vorbilder, aber auch die Gesellschaft. Österreich ist eines der Länder weltweit mit den meisten Handys; Österreicher telefonieren wegen jeder Kleinigkeit. Das hat etwas mit Ängstlichkeit und dem Wunsch nach Kontrolle zu tun. Dadurch verlernen wir, zu planen – da wir von vornherein davon ausgehen, dass wir uns noch zusammenrufen werden. Jede Familie kann ein Experiment wagen: ein Tag ohne Handy. Eltern sollten jedoch nicht verbieten oder verurteilen, sondern mit ihren Kindern auf einer Vertrauensbasis verkehren.

Wie wirkt sich die Handynutzung auf die Kommunikation aus?
Gespräche in Familien werden weniger, wenn jeder sich auf sein Handy konzentriert. Helfen kann hier etwa, das Essen rechtzeitig anzukündigen und die Regel aufzustellen, dass es am Esstisch kein Handy gibt. Auch mit Jugendlichen sollte man immer wieder über dieses Thema reden.

Ab wann kann man von einer Internet- oder Spielsucht sprechen?
Wenn soziale Kontakte und Tätigkeiten, die früher wichtig waren, verloren gehen. Kritisch wird es, wenn Heranwachsende sich isolieren und aggressiv werden, sobald man sie vom Spielen oder Surfen abhalten will (mehr zum Thema: https://www.saferinternet.at/fuer-eltern).

Elektronische Geräte auf dem Prüfstand

Ein Leben ohne Mobiltelefon scheint heute unvorstellbar, Smartphones und Tablets befinden sich im Aufwind. Allein im Jahr 2014 wurden weltweit rund 2,5 Milliarden Mobiltelefone, Tablets sowie PCs verkauft. Die Nebenwirkungen dieses Booms sind jedoch bedenklich: Ein wachsender Anteil der Unterhaltungselektronik wird in Entwicklungs- und Schwellenländern hergestellt, jedes zweite elektronische Gerät wird in China produziert. Neben den Arbeitsbedingungen ist auch der Abbau der Metallrohstoffe, die für die Produktion gebraucht werden, problematisch. Da es in vielen Entwicklungsländern Asiens und Afrikas keine angemessenen Recycling- oder Abfallsysteme gibt, stellt Elektronikschrott dort ein zunehmendes Problem dar. Nicht nur wegen des steigenden Angebots an Elektronikgeräten, sondern auch aufgrund illegaler Exporte von Industrieländern.

Niedrige Löhne, ein exzessives Maß an Überstunden, die Verletzung des Vereinigungsrechtes, Probleme mit Sicherheit und Gesundheitsschutz am Arbeitsplatz sowie die wachsende Arbeitsplatzunsicherheit aufgrund von Zeitverträgen und Zeitarbeitsfirmen als Dienstgeber sind die bekanntesten Probleme im Bereich der Handyproduktion. Belegt wird dies unter anderem durch Studien von makeITfair, in denen die Arbeitsbedingungen in China und auf den Philippinen untersucht wurden. Dort mussten Beschäftigte 100 bis 180 Stunden pro Monat zusätzlich arbeiten, ohne einen Zuschlag auf den monatlichen Mindestlohn von 75 bis 85 Euro zu erhalten.

Ein Undercover-Ermittler der NGO China Labor Watch (CLW) arbeitete im Oktober 2015 in einer Smartphone-Fabrik in Taiwan, die für Apple produziert. Die Arbeitszeiten betragen 12 Stunden pro Tag an sechs Tagen die Woche, für ein Monatsgehalt von 318 US-Dollar. Abends werden die Arbeiter im Shuttlebus zu ihren

Yomka/Sutterstock.com

Schlafstätten gebracht, wo bis zu 14 Personen in Zimmern mit schimmligen Wänden und Bettwanzen-Befall hausen. Obwohl Arbeiter nur ein 8-stündiges Sicherheitstraining erhalten, werden sie dazu gezwungen, ein Dokument zu unterschreiben, das ein 20-stündiges Training „bestätigt". Diese gefälschten Dokumente werden bei externen Kontrollen vorgelegt. Auch in chinesischen Samsung-Zulieferbetrieben wurden von CLW Missstände aufgedeckt, insbesondere Kinderarbeit, unbezahlte Überstunden und das Fehlen einer Sozialversicherung.

Missstände bei Apple und Samsung

Ungeahnte Schätze in Handys und Computern

In jedem Handy, Tablet oder PC steckt eine Vielzahl an Metallen, z.B. Tantal, Gold, Palladium, Silber, Kobalt und Kupfer sowie seltene Erden. Auf 1.000 Handys hochgerechnet haben die Rohstoffe einen nicht unerheblichen Wert: Bei Tantal sind das 912 Euro, bei Gold 758 Euro. Leider werden bei der Gewinnung der Rohstoffe in den seltensten Fällen Umweltstandards und Arbeiterrechte berücksichtigt.

Für die Produktion von Mobiltelefonen und Computern wird unter anderem das seltene Metall Tantal verwendet, da es sich zur Herstellung leistungsfähiger Kondensatoren bestens eignet. Gewonnen wird Tantal aus dem Erz Coltan, welches zu einem erheblichen Teil in der Demokratischen Republik Kongo (DRC), abgebaut wird. Seit 1996 herrschen im Kongo Bürgerkrieg bzw. bewaffnete Konflikte. Milizen haben die Kontrolle an sich gerissen, nehmen den Arbeitern das Coltan weit unter Wert ab oder setzen Zwangsarbeiter (etwa Kriegsgefangene) ein. Das bedeutet: Jeder Cent, den die Kriegsparteien durch den Verkauf von Rohstoffen verdienen, fließt in Waffenkäufe, verlängert und verschärft den Krieg. Nachdem die Problematik im Kongo maßgeblich durch die Vereinten Nationen öffentlich gemacht wurde, hat sich der Handel teilweise auf andere Förderländer verschoben. Doch distanzieren sich weltweit nicht alle Firmen, die Coltan nachfragen, von kongolesischem Material. Ein Herkunftsnachweis des Erzes ist zwar prinzipiell möglich, aber praktisch schwer umzusetzen. Immerhin haben große Unternehmen wie Apple oder Samsung Maßnahmen zur Vermeidung des Bezugs von Konfliktmineralien ergriffen.

Heiß umkämpftes Coltan

Smartphones im Fairness-Test

Im Mai 2013 stellte die schwedische Überprüfungsinitiative TCO Development das Samsung Galaxy S4 als das erste Smartphone vor, das ihren Umweltanforderungen sowie Anforderungen an faire Arbeitsverhältnisse in der Produktion entsprach. Wenig später kam das erste „Fairphone" des gleichnamigen niederländischen Start-up-Unternehmens auf den Markt.

Zwei Jahre später verglich eine Studie des niederländischen Centre for Research on Multinational Corporations gemeinsam mit der Entwicklungsorganisation Südwind die Standards beider Initiativen. Von den 34 darin überprüften Nachhaltigkeitskriterien erfüllt Fairphone 20, die über den industrieüblichen Standards liegen. Vor allem, was die Vermeidung sogenannter Konfliktmineralien und die Verhältnisse in den Rohstoff-Minen betrifft. Aber auch bestimmte Kriterien

Fairphone als Testsieger

betreffend die Arbeitsbedingungen in der Herstellung, die Transparenz in der Lieferkette bis hin zur Bekämpfung der Elektromüll-Problematik werden positiv bewertet. Verbesserungsbedarf gibt es bei den Beschwerdemechanismen für Arbeiter an den Produktionsstätten.

Von TCO Development zertifizierte Samsung-Smartphones der Serie Galaxy S4 sowie das Galaxy Note konnten nur 7 Kriterien über dem industrieüblichen Standard erfüllen, bei 11 entsprechen sie anderen konventionell hergestellten Produkten; 16 wurden als „nicht genügend erfüllt" eingestuft. „Es ist bedauerlich, dass Smartphones, die von TCO Development zertifiziert werden, kaum besser abschneiden als nicht zertifizierte, aber dennoch als fair bezeichnet werden", sagt Elisabeth Schinzel von Südwind. „Wer wirklich fair sein will, muss sich ernsthaft für Verbesserungen einsetzen und soziale Verantwortung für seine Produktion übernehmen."

Das Fairphone 2

Um die Nachhaltigkeit seiner Geräte zu erhöhen und Ressourcen zu schonen, forciert Fairphone bei seinem zweiten Modell vor allem eine lange Lebensdauer. Dafür wurde beim Fairphone 2 eine modulare Bauweise realisiert: Ist ein Bauteil kaputt oder nicht mehr auf dem neuesten Stand, kann es ausgetauscht werden. Dabei kann der Nutzer selbst die Reparatur vornehmen, da die Einzelteile nicht fest verlötet oder verklebt sind. Weitaus schwieriger als das langlebige Design gestaltet sich laut Fairphone-Chef Bas van Abel der Einkauf der Rohstoffe aus fairer Produktion. Denn viele der benötigten Mineralien werden in Minen in afrikanischen Ländern abgebaut, die von

lokalen Warlords kontrolliert werden und deren Gewinne in die Aufrüstung von Privatarmeen fließen. Das will das Fairphone-Projekt durch Transparenz in der gesamten Lieferkette verhindern. So finden sich in jedem Fairphone 2 Platinen des österreichischen Leiterplattenspezialisten AT&S mit 13 Milligramm fairem Gold. Auch der Abbau von konfliktfreiem Zinn (Lötpaste) und Tantal

Fairphone

(Kondensator) aus geprüften Minen der Demokratischen Republik Kongo, bessere Arbeitsbedingungen für Fabrikarbeiter in China und eine Reduktion von Elektromüll durch das Sammeln und Recycling von alten Handys in Ghana gehören zum bisher Erreichten. Im Aufbau ist die konfliktfreie Gewinnung von Wolfram (Vibrationsmotor) aus Ruanda. „Derzeit ist es nicht möglich, ein hundert Prozent faires Telefon zu produzieren", gibt Fairphone-Chef van Abel offen zu. „Unser Ziel ist jedoch nicht, dass alle Leute nur noch Fairphones kaufen, sondern dass es zu einem Umdenken und Veränderungen bei der Lieferkette und im Produktionsprozess auch bei anderen Herstellern kommt", so der Fairphone-Chef.

Sorgsamer Umgang mit Mobiltelefonen & Co

Ein schonender und sorgsamer Umgang damit kann die Lebensdauer eines Handys verlängern:

- Handys mögen keine direkte Sonnenstrahlung, diese schädigt Display und Akku.
- Hüllen schützen vor Bruch, Schmutz und Luftfeuchtigkeit.
- Displayfolien schützen vor Kratzern und erhöhen damit die Lebensdauer Ihres Gerätes.
- Sie sollten Ihr Handy gelegentlich auch innen reinigen: Nehmen Sie die Abdeckung ab, entfernen Sie den Staub und säubern Sie die elektrischen Kontakte mit einem Mikrofasertuch.
- Defekte Geräte können in vielen Fällen repariert werden. Das spart Geld und schont die Umwelt.
- Dass man Akkus immer ganz entladen und aufladen soll, traf auf ältere Modelle zu. Besser ist es, den Akku nie ganz leerlaufen zu lassen. Viele Geräte weisen darauf hin, wenn ihr Akku noch zu 10 bis 15 Prozent voll ist – dann ist der beste Zeitpunkt, um das Ladekabel anzuschließen.
- Akku nicht vollständig laden! Einige Geräte ändern die Farbe ihres Signallichts bei 90 Prozent Ladestand. Das Ladegerät da am besten abstecken.
- Mitgelieferte Ladegeräte laden schneller: Die Ladegeräte der Hersteller sind mit ihrer Leistung und Ladedauer für den Akku optimiert. Das Aufladen über den USB-Anschluss eines Computers oder Ersatz-Ladegeräte dauert meist länger.
- Teilweises Laden schadet dem Akku nicht: Stecken Sie ihr Gerät zwischendurch ruhig für eine Ladung von 30 auf 70 Prozent an.

Umweltfreundliche Produktion

Greenpeace veröffentlicht regelmäßig den Ratgeber „Grüne Elektronik", der Hersteller von Unterhaltungselektronik nach Nachhaltigkeitskriterien reiht. Aus dem Greenpeace-Report 2014 geht hervor, dass Apple im Hinblick auf eine umweltfreundliche Produktion seinem Konkurrenten Samsung einiges voraushat. „Apple zeigt, dass es möglich ist, elektronische Geräte giftfrei zu produzieren. Zudem versucht das Unternehmen, seinen hohen Energieverbrauch zu verringern", sagt Nunu Kaller, Konsumentensprecherin bei Greenpeace Österreich. Mehr als 50 Prozent des Handymarktes, der von Apple, Samsung und Nokia beherrscht wird, sind mittlerweile frei von den gefährlichsten Chemikalien wie Polyvinylchlorid (PVC) und bromierten Flammschutzmitteln. Apple ist bisher das einzige Unternehmen, das diese Chemikalien komplett aus seinen Geräten verbannt hat. Apple kündigte auch an, weitere gefährliche Chemikalien aus der Produktion auszuschließen.

Apple hat die Nase vorn

Der weltweit größte Elektronikkonzern, Samsung, hat den Verzicht auf diese Stoffe trotz Ankündigungen bisher nicht geschafft. Lediglich in der Telefonproduktion werden diese Stoffe nicht mehr eingesetzt. Damit fällt Samsung ebenso wie Dell in der Greenpeace-Wertung zurück. Auch Microsoft und Amazon, die im Tablet- und Smartphone-Bereich expandieren, enttäuschen mit ihren Bemühungen, nachhaltiger zu produzieren. Sie haben zum Teil schwache Bekenntnisse abgegeben oder gar keine Informationen zum Produktionsprozess veröffentlicht.

Ein weiteres Problem ist der steigende Energiebedarf der Elektronikunternehmen. Die Herstellung von Smartphones, Laptops und anderen elektronischen Geräten benötigt Unmengen an Energie. Viele Geräte werden in Ostasien produziert, wo der Strom zum größten Teil aus klimaschädlicher Kohle stammt.

Greenpeace fordert die Unternehmen auf, verstärkt auf erneuerbare Energie zu setzen. Lenovo und Huawei werden dafür gelobt, dass sie Sonnenkollektoren nutzen. Apple plant, einen Produktionsstandort mit 100 Prozent erneuerbarer Energie zu betreiben.

Bei all dem darf allerdings nicht vergessen werden, dass diese Bemühungen im Umweltbereich, wofür Apple & Co gelobt werden, nur ein paar Schritte hin zu mehr Nachhaltigkeit darstellen. Solange prekäre

Arbeitsverhältnisse oder die Verwendung von Konfliktmineralien in der Branche zum Alltag gehören, kann keinem Unternehmen eine positive Gesamtbilanz attestiert werden.

Was Sie bei elektronischen Geräten beachten sollten

- Überprüfen Sie den individuellen Bedarf – braucht Ihr Kind wirklich das allerneueste Smartphone oder Tablet? (70 Prozent der Österreicher haben Handys zu Hause liegen, die nicht mehr in Verwendung sind).
- Kaufen Sie energiesparende Geräte. Sie verbrauchen bis zu 70 Prozent weniger Strom als konventionelle Geräte und sind in der Anschaffung meist nicht teurer.
- Achten Sie auf Hersteller, die in der Produktion keine giftigen Chemikalien verwenden: Labels wie das EU-Ecolabel und das deutsche Umweltzeichen beschränken den Einsatz umweltschädlicher und gesundheitsschädlicher Stoffe.
- Vier Mitgliedsbetriebe des Reparaturnetzwerks haben sich auf das Reparieren von Telefonen spezialisiert: fixmyphone, handyrettung.at, Mayer EDV Services und Comtronic.
- Auch für alle anderen Elektrogeräte gilt: Vieles kann repariert werden, statt dass man es wegwirft.
- Plattformen wie ifixit.com bieten Anleitungen zur Reparatur von Handys & Co (siehe Links).
- Kaufen Sie gebrauchte Mobiltelefone.
- Unternehmen wie AfB (siehe Links) bieten gebrauchte Computer mit Garantie an.
- Elektro- und Elektronik-Altgeräte können kostenlos bei Altstoffsammelzentren bzw. Sperrmüllsammlungen abgegeben werden (siehe Links).
- Ein kaputtes Handy können Sie auch zur Problemstoffsammelstelle oder in das Geschäft, wo es gekauft wurde, bringen.

- Es gibt mehrere Sammelaktionen zum Handyrecycling, bei denen ein Teil des Erlöses gemeinnützigen Zwecken zugute kommt, etwa die Ö3 Wundertüte oder die Sammelaktion des Jane Goodall Instituts.

Aus eigener Erfahrung

Wie wohl jede Familie mit halbwüchsigen Kindern tragen auch wir immer wiederkehrende Kämpfe rund um die Handynutzung aus. Regeln wie „beim Essen kein Handy" haben wir uns mühsam erarbeitet – das bedeutet leider noch lange nicht, dass sie immer eingehalten werden. Und natürlich müssen wir Erwachsenen uns bei der eigenen Nase nehmen: Seit ich selbst ein Smartphone besitze, weiß ich um die Verlockungen dieses Wunderdings. Denn es geht ja schon lange nicht mehr nur ums Telefonieren, sondern um all die anderen Goodies, die es bereithält. Jedes

„Die Nutzung des Handys erfordert Reife und Selbstdisziplin"

Michael Dörfler-Kneihs, Musiker und Professor an der Universität für Musik und darstellende Kunst, denkt, dass Kinder erst ab einem bestimmten Alter ein Smartphone haben sollten. Seine Kinder Simon (10) und Milena (12) benutzen ein Tastenhandy und werden voraussichtlich mit 13 Jahren ein Smartphone bekommen. „Kinder werden von einem Smartphone zu sehr abgelenkt, sie haben ständig Angst, etwas zu versäumen." Die Familie besitzt keinen Fernseher, DVDs werden auf dem Computer angesehen – allerdings nur am Wochenende. Tochter Milena besitzt ein Tablet, das sie auch nur gezielt verwenden darf. „Ich glaube nicht, dass elektronische Geräte prinzipiell schlecht sind", räumt Dörfler-Kneihs ein, „aber sie erfordern, ebenso wie die Nutzung des Internet, Reife und Selbstdisziplin." Auch in anderen Bereichen legt die Familie Dörfler-Kneihs Wert auf Nachhaltigkeit: Die Eltern besitzen kein Auto, kaufen hauptsächlich Bio-Lebensmittel und versuchen, nicht zu viel zu konsumieren. „Das Leben ist doch viel schöner, wenn man nicht zu viel besitzt und dadurch auch weniger arbeiten muss."

Dörfler-Kneihs

zweite Mal, wenn ich meine Tochter auffordere, ihr Handy beiseite zu legen, klärt sie mich auf, dass sie gerade Musik hört und sich dazu ein Video ansieht oder „mit Freundinnen chattet". Mein Sohn ist ein Informationsjunkie: Egal über welches Thema wir reden, er sucht sich sofort die dazugehörigen Infos aus dem Netz. Und wenn ich – wie es öfter der Fall ist – mit den vielen Funktionen meines Smartphones überfordert bin, bitte ich meine Kinder um Hilfe. So nehme ich mir also regelmäßig vor, meinen Kindern bei der Handynutzung mehr zu vertrauen – nur um genauso regelmäßig mit ihnen zusammenzukrachen. Aber auch das ist schließlich Kommunikation …

Chatterin und Informationsjunkie

Links

fair spielt Firmenliste

www.fair-spielt.de > Hersteller & Handel

Umweltberatung

www.umweltberatung.at > Einkaufen > Kinder > Spielzeug

China Labor Watch

www.chinalaborwatch.org

AGES – Agentur für Gesundheit und Ernährungssicherheit

www.ages.at

Weltläden

www.weltlaeden.at

Spiel gut

http://spielgut.de

Südwind

www.suedwind-agentur.at

Nachhaltige Spiele

www.umweltspiele.ch
www.green4kids.de > ab-3-Jahre > Brett-Spiele-und-mehr
www.spiel-keep-cool.de
www.aktuell-spiele-verlag.de/html/Oeko.html

www.amigo-spiele.de > r-öko www.giga.de/spiele/oeko-simulator www.econerds.at/start	
www.fairphone.com	**Faires Handy**
www.umweltberatung.at > Suchbegriff: richtiges laden	**Tipps zum Akku-Laden (Handys)**
www.rankabrand.de	**Rank a Brand**
www.puppendoktor.at	**Puppendoktor**
www.umweltberatung.at > Themen > Wohnen > Abfalltrennung	**Entsorgung von Elektromüll**
www. reparaturnetzwerk.at	**Reparaturführer Wien**
www.repanet.at	**Reparaturführer Österreich**
https://de.ifixit.com	**Selbst reparieren**
Jane Goodall Institut www.janegoodall.at > Projekte > Handyrecycling Ö3 Wundertüte http://oe3.orf.at > Wundertuete	**Handyrecyling**
www.greenpeace.org/austria/de > Suchbegriff: grüne elektronik	**Grüne Elektronik-Report**
AFB www.afb-group.at	**Gebrauchte Computer**

Igor Demchenkov/Sutterstock.com

Schöne neue Einkaufswelt?

Noch nie waren die Verlockungen des Konsums für Kinder und Jugendliche so groß wie heute. Werbung und Internet tragen einen großen Teil dazu bei.

Die Konsumgesellschaft nach westlichem Vorbild – die sich zunehmend auch in Schwellenländern wie China oder Indien formiert – ist mitverantwortlich für Ressourcenverschwendung, Umweltverschmutzung und Ausbeutung von Arbeitskräften. Die Tatsache, dass ein wachsender Teil unserer Produkte in ostasiatischen Fabriken hergestellt wird, die mit Strom aus Kohlekraftwerken betrieben werden, trägt zum Klimawandel bei. Umso wichtiger ist es, dass Eltern sich kritisch mit den Verlockungen des Konsums auseinandersetzen und das Bewusstsein dafür bei ihren Kindern schärfen.

Die Kaufkraft von Kindern und Jugendlichen

Kinder sind die Konsumenten von morgen – diese Tatsache bringt immer mehr Unternehmen dazu, ihre Werbebotschaften direkt an die junge Klientel zu richten. Und dafür ist ihnen jedes Mittel recht: An den Naschereien, die im Kassenbereich der Supermärkte angeboten werden, kommen Mütter und Väter kaum vorbei, ohne etwas zu kaufen. Immer

HTeam/Sutterstock.com

wieder werden Kinder via Fernsehen und Facebook von Werbeaussagen direkt angesprochen. Beliebte Sportler oder Popstars, von denen man weiß, dass ihnen gerade Kinder nacheifern, werben für höchst ungesunde Produkte. Selbst vor Kindergärten und Schulen macht die Werbung nicht halt.

Seit über 20 Jahren erforscht die deutsche KidsVerbraucherAnalyse (KidsVA) die Mediennutzung und das Konsumverhalten der Vier- bis 13-Jährigen. Die KidsVA 2015 ergab: 85 Prozent (4,9 Mio.) der Kinder verfügen über digitale Spiele über verschiedene Zugänge. Dazu gehören Konsolen, kostenlose Online Games und vermehrt Spiele-Apps auf dem Handy oder Tablet. Doch auch klassisches Spielzeug (Karten- und Gesellschaftsspiele, Spiel- und Baukästen oder Puppen) findet sich weiterhin in den meisten Kinderzimmern. Zeitschriften und Bücher bleiben trotz des wachsenden digitalen Medienangebotes von großer Bedeutung: 78 Prozent (4,5 Mio.) der Vier- bis 13-Jährigen lesen mindestens einmal pro Woche ein Buch und 73 Prozent (4,2 Mio.) greifen zu Zeitschriften.

Einfluss von Kindern auf Kaufentscheidungen der Eltern

Eine Studie des deutschen Zukunftsinstituts kommt zu dem Schluss: „Die Konsumwünsche von Kindern erstrecken sich mittlerweile auf alle Lebensbereiche. Der Kids-Konsum wird künftig auch für typische Erwachsenen-Branchen immer relevanter, in denen der Nachwuchs längst die Konsumhoheit übernommen hat. Der Einfluss von Kindern auf die Kaufentscheidungen ihrer Eltern wird weiter wachsen."

Werbestrategen versuchen, einen immer jüngeren Kundenkreis zu erreichen; viele Angesprochene sind den Windeln noch nicht entwachsen. In den USA erkennen Dreijährige im Durchschnitt bereits 100 Markenlogos. Die ständige Beschäftigung mit Marken verfestigt sich schon frühzeitig zu fixen Bindungen.

Süße Versuchung

Viele Eltern kennen das: Man hat es geschafft, den Supermarkt mit dem Sprössling ohne Geschrei zu durchqueren, hat wohlweislich die Süßwarenabteilung umrundet und hängt dann in der Warteschlange vor der Kassa fest. Spätestens da ist es vorbei mit dem zufriedenen Kind: Die Süßigkeiten vor seiner Nase sind einfach zu verlockend. Eine Quengelei oder einen Wutausbruch später hat das Kind, was es wollte. Die Eltern bleiben oft mit dem Gefühl der Hilflosigkeit zurück.

Schokoriegel, Kaugummis und andere Naschereien prägen das Bild vieler Ständer im Kassabereich. Wie weit die Verantwortung von Supermärkten reicht, darüber gehen die Meinungen auseinander. Bei einer KONSUMENT-Leserumfrage zum Thema waren 48 Prozent der Befragten der Überzeugung, dass Eltern selbst für die Erziehung ihrer Kinder verantwortlich seien. Hingegen fanden 30 Prozent, dass die Supermärkte ihre Verantwortung wahrnehmen sollten, und 19 Prozent glaubten, dass Supermärkte ohnehin andere Wege finden würden, um Kinder zu verführen.

Der Verein foodwatch (siehe Links am Kapitelende) hat es sich zur Aufgabe gemacht, verbraucherfeindliche Praktiken der Lebensmittelindustrie zu entlarven und für das Recht der Verbraucher auf sicheres und gutes Essen zu kämpfen. „Natürlich tragen letztendlich Eltern die Verantwortung für die Ernährung ihrer Kinder", erklärt Andreas Winkler von foodwatch, „aber die Lebensmittelwirtschaft trägt eine Mitverantwortung für Übergewicht und Fehlernährung bei Kindern und Jugendlichen."

Lebensmittelindustrie ist mitverantwortlich für Fehlernährung

Ein foodwatch-Marktcheck hat gezeigt, dass rund drei Viertel aller Lebensmittel, die gezielt an Kinder vermarktet werden, Süßigkeiten, Softdrinks oder salzige und stark fetthaltige Snacks sind. „Die Lebensmittelbranche versucht mit den perfidesten Marketingmethoden – von TV- und Onlinewerbung über Spielzeugbeigaben und Gewinnspiele bis hin zum Sponsoring an Schulen – Kindern immer noch mehr Junkfood anzudrehen", so Winkler. „Gleichzeitig redet sie sich heraus mit dem Argument, die Eltern seien schuld und müssten lernen, Nein zu sagen. Das ist unverantwortlich – und das wollen wir so nicht akzeptieren."

Dass Eltern die Hauptverantwortung für ihre Kinder tragen, bestätigt auch die Wirtschaftspsychologin Sabine Schuh: „Eltern haben oft verlernt, Grenzen zu setzen", erklärt die Wirtschaftspsychologin mit Schwerpunkt Werbung und Marketing. „Regeln sind für unsere Kinder wichtig, bedeuten aber oft auch Konflikte." Wichtig sei, die eigenen Werte den Kindern vorzuleben. „Wenn ich will, dass mein Kind keine Impulskäufe tätigt, dann sollte ich selbst auch entsprechend handeln." Sie empfiehlt Eltern, vor dem Einkauf mit ihren Kindern zu besprechen, was gekauft wird, und räumt gleichzeitig ein, dass die Lebensmittelbranche in die Pflicht genommen werden müsse: „Der Marketingindustrie ist sehr bewusst, dass Kinder die Konsumenten von morgen sind – sonst würde sie nicht so viel Geld in die Kinder-Werbungsindustrie pulvern."

Kindern Grenzen setzen

Kindermagnet Stickerheft

„Hol Dir jetzt Dein Stickerbuch!" Mit diesen und ähnlichen Worten warben die Lebensmittelkonzerne SPAR und BILLA bei ihren jüngsten Kunden für Sticker-Sammelbücher. Und gerieten dadurch mit dem Gesetz gegen den unlauteren Wettbewerb (UWG) in Konflikt: Dieses verbietet eine direkte Aufforderung an Kinder, beworbene Produkte zu kaufen oder ihre Eltern oder andere Erwachsene zu überreden, Produkte für sie zu kaufen. Der VKI klagte die Lebensmittelketten im Auftrag des Konsumentenschutzministeriums und bekam recht. „In diesem Fall geht es um die direkte Ansprache der Kinder", erklärt Mag. Nadya Böhsner vom VKI. „Werbung, die sich allgemein an Kinder richtet, ist jedoch nicht grundsätzlich verboten."

Werbung richtet sich jedoch zunehmend direkt an Kinder, um ihre Ziele zu erreichen. Kein Wunder, können doch gerade die Jüngsten am leichtesten beeinflusst werden. „Kinder unter sechs Jahren sind besonders empfänglich für bunte Bilder, Musik und Eindrücke, die mit einem Wohlgefühl verbunden sind", erklärt Psychologin Schuh. Sie plädiert dafür, mit Kindern über Werbung zu sprechen. „Wichtig ist es, den Akt des Kaufens zu hinterfragen", regt Schuh an. „Man sollte auch erklären, woher das Geld kommt, mit dem etwas gekauft werden soll."

Gehirnwäsche in TV und Internet

Kinder und Jugendliche mögen Werbung, da sie meist bunt und abwechslungsreich ist. Im Kinder-Fernsehprogramm werden sie mit Werbung bombardiert – der ORF verbietet immerhin Werbung, die sich an Minderjährige richtet, vor und nach Kindersendungen.

Kleine Kinder können Werbung nicht erkennen

Viele Kinder verbringen zwei oder mehr Stunden täglich vor dem Fernsehgerät und werden pro Monat mit über 1.000 Werbespots konfrontiert. So gesehen verwundert es nicht, dass die meisten Kaufwünsche von Kindern werbegeprägt sind, wie Untersuchungen belegen. Allerdings können kleine Kinder nicht zwischen Werbeeinschaltungen und Programm unterscheiden – erst frühestens ab acht Jahren sind sie dazu in der Lage. „Bis dahin können Kinder nicht unterscheiden zwischen wahr und falsch, zwischen dem, was tatsächlich existiert, und dem, was nur gespielt ist", weiß Claus Ebster vom Institut für Betriebswirtschaftslehre an der Uni Wien.

Und auch danach verstehen Kinder die Absicht der Werbung noch nicht – nämlich, die Zuseher zum Kauf des beworbenen Produktes zu überreden. Forscher der Universität Klagenfurt kamen in einer Studie zu dem Ergebnis: Weniger selbstbewusste Kinder greifen öfter zu ungesunden Nahrungsmitteln aus der Fernsehwerbung und vertrauen ihr eher. Ralf Terlutter, Professor für Marketing und Internationales Management, befragte 249 Grundschulkinder im Alter zwischen sieben und zehn Jahren. „Wir wollten wissen, wie sehr das Körpergewicht und die Körperwahrnehmung Einfluss auf die Werbekompetenz haben." Das Ergebnis der Umfrage: Je geringer das Selbstwertgefühl, das durch beide Faktoren beeinflusst wird, desto eher glaubten die Kinder den TV-Spots. Zu einem ähnlichen Ergebnis kamen Forscher der University of Michigan in einer Studie mit 100 Eltern und ihren Kindern im Vorschulalter: Kinder, die gemeinsam mit ihren Eltern das normale TV-Programm sehen, essen mehr Junkfood als jene, die ein werbefreies Programm vorgesetzt bekommen. Zudem haben sie häufiger verfälschte Vorstellungen darüber, was gesundes Essen ist.

Einfluss der Werbung auf die Ernährung

Bei Jugendlichen hat das Surfen im Internet den TV-Konsum weitgehend verdrängt. Philipp Ikrath vom Institut für Jugendkulturforschung hält die manipulativen Möglichkeiten des Mediums Internet für weitaus problematischer als die TV-Werbung. „Werbebotschaften sind häufig so trickreich in eine Website eingebaut, dass sie auch von einigermaßen erfahrenen Internetsurfern nur schwer erkannt werden." Ikrath kritisiert vor allem Spiele-Seiten, die mit kostenlosen Spielen locken, aber gleichzeitig mit kommerzieller Werbung gespickt sind.

Elena Stepanova/Shutterstock.com

Werbung an Schulen

Werbung an Schulen ist nicht grundsätzlich verboten, doch Firmen schießen dabei immer wieder übers Ziel hinaus. Der VKI geht bereits seit Jahren gegen aggressive Kinderwerbung und unerlaubte Werbung an Schulen vor. Denn gerade dort wäre Sensibilität gefragt. Das ergibt sich aus dem pädagogischen Auftrag der Schulen, aber auch daraus, dass zwischen Lehrern und Schülern ein besonderes Vertrauensverhältnis besteht.

Wird im Klassenzimmer für ein Produkt geworben, kann dies von Eltern und Schülern auch als Qualitätskriterium und Kaufempfehlung für das Produkt aufgefasst werden.

Dennoch wird in vielen Schulen sorglos mit Werbung umgegangen. Das zeigen Beschwerden von Eltern und Lehrern, die immer wieder beim VKI eingehen. Ein Beispiel: An rund 800 österreichischen Volksschulen wurde ein stark werbelastiges Mitteilungsheft verteilt; der VKI führte erfolgreich dagegen Klage.

Verstöße gegen das Schulunterrichtsgesetz

Aus den Vertragsdetails der eingegangenen Beschwerden wird deutlich, dass Schuldirektoren Firmen für einen sehr geringen Gegenwert weitgehende Befugnisse einräumen – vom Werbeauftritt im Schulhaus bis hin zur Einflussnahme auf die Unterrichtsgestaltung. Das Unterrichtsministerium reagierte mit einem Rundschreiben an alle österreichischen Schulen, in dem festgehalten wird, dass das Bewerben von Produkten oder Dienstleistungen im Unterricht einen massiven Verstoß gegen das Schulunterrichtsgesetz und das Gesetz gegen den unlauteren Wettbewerb (UWG) darstellt. Darin heißt es: „Werbung für schulfremde Zwecke darf nie auf Kosten der pädagogischen Glaubwürdigkeit gehen und nicht in einen Widerspruch zu den Zielsetzungen der Schule geraten."

Auch vor Kindergärten macht die Werbung nicht halt, wie Gratis-Kindergartensackerl, die mit Naschereien und Werbeprospekten gefüllt sind, zeigen.

Freilich sind auch hier wieder die Eltern gefragt: Um ihren Kindern die Auswirkungen der Konsumgesellschaft näherbringen zu können, müssen sie sich zuerst selbst damit auseinandersetzen und Werbung kritisch hinterfragen. Denn auch Erwachsene sind nicht gegen die Macht der Werbung gefeit, die uns nur allzu oft eine heile Welt und einfache Lösungen für unsere Probleme vorgaukelt. „Es sollte immer wieder die Frage gestellt werden: Brauche ich das wirklich?", fordert Psychologin Schuh zu kritischerem Konsum auf.

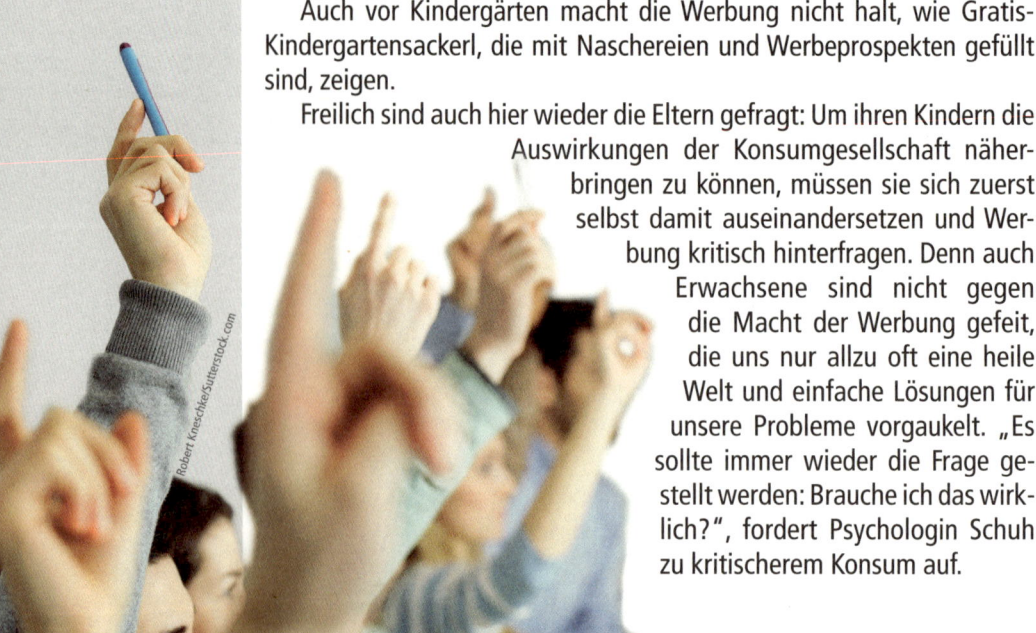

Robert Kneschke/Shutterstock.com

Stefan Seelig

„Das Wichtigste ist, dass Kinder sich frühzeitig als liebenswert erfahren"

Interview mit Mag. Sabine Schuh,
Wirtschaftspsychologin mit Schwerpunkt Werbung und Marketing

KONSUMENT: Wie kann man Kinder zu kritischen Konsumenten erziehen?
Schuh: Durch übertriebene Werbebotschaften wird eine erhöhte Erwartungshaltung darüber, was eine Pickelcreme oder ein Shampoo leisten kann, erzielt und es folgt gerade im Teenageralter die Enttäuschung und die Selbstentwertung, wenn das Präparat dann nicht genau so wirkt. Wenn man hier nicht gefestigt ist und die Werbebotschaften kritisch hinterfragt, kommt es eher zur Selbstentwertung als zu dem Phänomen, dass man das beworbene Produkt infrage stellt. Und damit ist erst recht wieder Platz für mehr Manipulation. Bin ich allerdings gefestigt, werde ich Werbebotschaften kritischer hinterfragen bzw. gar nicht in dem Ausmaß wahrnehmen, dass ich mich dadurch beeinflussen lasse.

Wie können Eltern ihre Kinder darin unterstützen, sich eine eigene Meinung zu bilden?
Das Wichtigste ist, dass Kinder sich frühzeitig im engsten Umfeld als liebenswert erfahren, um einen stabilen Selbstwert zu erlangen. Damit ist nicht unspezifisches Lob gemeint, sondern konkret, was jemanden liebenswert macht. Heranwachsende sind dann für viele Dinge nicht mehr so leicht empfänglich, weil sie sich über sich selbst definieren und nicht ausschließlich über das Außen – Beispiel Status, Besitz, Job.

Was können Eltern einem Jugendlichen entgegnen, der unbedingt das allerneueste Smartphone möchte, das gerade beworben wird?
Eltern können hinterfragen, wozu das Smartphone tatsächlich gebraucht wird, und hier sachlich auf die vorgebrachten Argumente eingehen. Dinge wie „aber das alte tut's auch noch" oder „das brauchst du eh nicht" wollen Heranwachsende eher nicht hören.

Inwieweit können Eltern hier Vorbild sein?
Wenn ich mich selbst als Elternteil von der Werbung in meinen Entscheidungen ständig beeinflussen lasse, wird es schwer werden, meinen Kindern zu sagen, dass sie das nicht tun sollen. Eltern können Kindern Hilfe geben, indem sie sensibel nach den Gründen fragen, warum denn eine gewisse Anschaffung unbedingt notwendig ist, und dann dort einhaken.

Können Sie ein Beispiel nennen?
Wenn ein achtjähriges Mädchen das Super-Shampoo für extra dichtes Haar möchte, weil sie so aussehen möchte wie das hübscheste Mädchen in der Klasse, sind wir beim eigentlichen Kern. Dann können Eltern darüber reden und erklären, dass das schöne Haar, das man sich durch das Shampoo erwartet, nicht liebenswerter macht.

Wie können junge Menschen lernen, mit Gruppendruck umzugehen?
Das Gruppenzugehörigkeitsgefühl ist prinzipiell Teil einer wichtigen psychologischen Entwicklung, auch im Zusammenhang mit der Entwicklung eines guten Selbstwertes. Ausschlaggebend ist hier das Ausmaß, denn grundsätzlich tut es uns gut, Teil einer Gruppe zu sein. Wenn die Gruppe aber von uns mehr verlangt, als sie uns für unser Wohlbefinden bringt, wird es ungesund. Auch der Druck durch soziale Medien darf nicht unterschätzt werden. Eltern sollten frühzeitig kritisch mit den Kindern Werbebotschaften hinterfragen, damit soziale Medien nicht die Erziehungs-Rolle übernehmen können.

Wie Sie mit Werbung umgehen können

- Melden Sie aggressive Werbung an Schulen und Kindergärten unter folgender Mailadresse: schulwerbung@vki.at.
- Lassen Sie Ihre Kinder nicht stundenlang unbeaufsichtigt vor dem Fernseher oder Computer sitzen.
- Reden Sie mit Ihren Kindern über Macht und Einfluss der Werbung.

Einkaufen im Internet

Der Onlinehandel boomt, immer mehr Kinder und Jugendliche kaufen im Internet ein.

Gefahren des Onlineshoppings

Im Gegensatz zu einem Kauf im Geschäft kann im Internet das Alter des Geschäftspartners nicht überprüft werden. Kinder und Jugendliche können daher oft viel zu leicht ein Klingelton-Abo abschließen oder vielleicht sogar die neueste Spielkonsole bestellen.

Dazu wirft der Einkauf folgende Fragen auf: Unter welchen Bedingungen werden Handys, Sportschuhe oder T-Shirts hergestellt und wie gelangen sie zu den Verbrauchern?

Rechte und Pflichten von Minderjährigen

Kinder und Jugendliche sind nicht voll geschäftsfähig, haben aber je nach Alter bestimmte Rechte und Pflichten. Drei Altersgruppen sind bis zur Volljährigkeit zu unterscheiden:

- Kinder unter sieben Jahren sind generell nicht geschäftsfähig. Ausgenommen sind nur kleine, alterstypische Käufe (Eis, kleine Süßigkeiten).
  - Schließen Kinder ab sieben Jahren Verträge ab, so sind diese nicht automatisch nichtig, sondern „schwebend unwirksam". Die Eltern haben die

Möglichkeit, den Vertrag im Nachhinein zu genehmigen oder aufzulösen. Nur geringfügige, alterstypische Geschäfte können selbstständig abgeschlossen werden.

- Jugendliche zwischen 14 und 18 Jahren gelten als mündige Minderjährige. Sie haben mehr Rechte – so dürfen sie über ihre Einkünfte und über Sachen, die ihnen zur freien Verfügung überlassen wurden, frei entscheiden. Sobald Geschäfte aber den eigenen Lebensunterhalt gefährden, müssen sie von einem Erziehungsberechtigten genehmigt werden.

Personen, die das 18. Lebensjahr vollendet haben, sind voll geschäftsfähig.

Mit den Kindern reden

Es empfiehlt sich, die folgenden Punkte zu beachten:

- Reden Sie mit Ihren Kindern über den Abschluss von Verträgen und die verschiedenen Bezahlmöglichkeiten.
- Zeigen Sie Ihren Kindern anhand von Beispielen (z.B. beim Herunterladen einer App), wo man auf die Kosten hingewiesen wird und worauf dabei zu achten ist.
- Wenn Ihre Kinder Zugang zu Ihren Kreditkartendaten haben, klären Sie sie über den Umfang ihrer Geschäftsfähigkeit auf; insbesondere darüber, wofür sie Ihr Einverständnis benötigen.
- Machen Sie Ihre Kinder darauf aufmerksam, dass bei der Eingabe des Alters im Internet nicht geschummelt werden darf.
- Werden Sie mit einer Rechnung konfrontiert, die Ihr Kind verursacht hat, zahlen Sie den Betrag nicht ein, sondern erheben Sie im Namen Ihres Kindes Einspruch und verweigern Sie die Genehmigung des Vertrages. Sicherheitshalber sollten Sie das Geschäft zusätzlich „aus jedem anderen möglichen Rechtsgrund anfechten".

Seriöse Online-Anbieter

Wie man seriöse Online-Anbieter erkennt, hat die Arbeiterkammer in einem Punktekatalog zusammengefasst:

- Achten Sie darauf, ob der Anbieter eine Adresse hat (Firmenname, Anschrift, Mailadresse, Telefonnummer, Firmenbuchnummer). Das ist vor allem für Reklamationen wichtig.
- Prüfen Sie, ob das Angebotene genau beschrieben ist und ob zusätzlich zum Preis alle Zusatzkosten angeführt sind, etwa

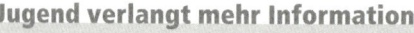

Jugend verlangt mehr Information

Im Rahmen des Jugendforums „Shopping Um(die)Welt" diskutierten im Oktober 2015 in Wien 90 Jugendliche zwischen 15 und 19 Jahren Fragen zu Umweltschutz, Produkthaltbarkeit und globalen Herstellungsbedingungen im Onlinehandel. Eine zentrale Forderung der Jugendlichen war mehr Aufklärung und Bewusstseinsbildung zum Thema „Nachhaltige Produktentwicklung und Konsum", in und außerhalb der Schule. Dabei wünschten sie sich mehr Informationen über Herstellungs-, Lagerungs- und Transportbedingungen von online gekauften Produkten – zur besseren Unterstützung der Konsumenten in ihrem eigenverantwortlichen Handeln. Um der Manipulation durch irreführende Werbung entgegenzuwirken, sprachen sich die Teilnehmer für mehr Informationsangebote zur Sensibilisierung der Bevölkerung aus. Von den Produzenten forderten die Jugendlichen langlebigere Produkte, die man auch reparieren kann. Dem Trend, dass Bekleidung zunehmend als kurzlebiges Wegwerfprodukt angesehen wird, müsse entgegengewirkt werden. Bei Lebensmitteln geht es den Jugendlichen vor allem um Abfallreduktion, mit dem Ziel, dass noch genießbare Produkte vom Handel nicht entsorgt werden dürfen. Insgesamt wurde der Ausbau nationaler Recyclingmaßnahmen empfohlen, vor allem bei elektronischen Geräten wie Mobiltelefonen. Die Politik sollte zu diesen Punkten Maßnahmen setzen, die zur Umsetzung einer verpflichtenden Kreislaufwirtschaft führen. Zudem befürworteten die Teilnehmer Anreize wie die steuerliche Begünstigung von umwelt- und sozialverträglichen Produkten und Dienstleistungen. Das Jugendforum wurde vom Institut für Technikfolgen-Abschätzung gemeinsam mit dem Büro PlanSinn organisiert.

für den Versand. Ebenfalls wichtig: Werden technisch sichere
Zahlungsformen angeboten (keine Vorauszahlung)?
- Die Allgemeinen Geschäftsbedingungen müssen leicht zu
finden, online abrufbar und ausdruckbar sein.
- Bestellungen müssen vom Anbieter nochmals per E-Mail
bestätigt werden.
- Auf der Website muss auf das 14-tägige kostenlose Rücktritts-
recht vom Onlinevertrag hingewiesen sein. (Achtung: Es gibt
Ausnahmen vom Rücktrittsrecht. Fragen Sie im Zweifelsfall
die Konsumentenschützer.)
- Der Anbieter veröffentlicht seine Grundsätze zum Datenschutz.
Ideal: Der Onlineshop wurde geprüft und hat das E-Commerce-
Gütezeichen „Euro-Label" oder andere.

Nachhaltiger Online-Einkauf

Der Brutto-Jahresumsatz im österreichischen Onlinehandel machte 2013
ziemlich genau 4,5 Prozent des gesamten Einzelhandelsvolumens aus;
das entsprach einem Plus von 30 Prozent gegenüber 2010. Im europäischen Non-Food-Bereich betrugen die Online-Anteile bereits rund 25
Prozent.

Die Zahl der Online-Einkäufe wächst

Einflussfaktoren für die Ökobilanz im Onlinehandel sind Verkehr, Transport und Logistik (hier vor allem die „letzte Meile"
und Retoursendungen), Verpackung, Energieverbrauch für
Herstellung, Lagerung und Verkaufsräume sowie Arbeitsbedingungen. Die „letzte Meile" bezeichnet den letzten
Schritt in der Lieferkette zum Endkunden.
Der Onlinehandel kann mitunter eine bis zu vier Mal
bessere Ökobilanz aufweisen als der stationäre Handel,
da mit einer Lieferfahrt mehrere Endkunden
beliefert werden. Das gilt jedoch nur,
solange der erste Zustellungsver-
such erfolgreich ist und die Ware
nicht zurückgesendet wird. Passiert

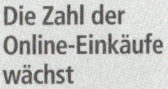

das, verschlechtert sich die Ökobilanz aufgrund der zusätzlichen Wege deutlich. In Österreich werden ca. 30 Prozent der bestellten Bekleidung und Schuhe wieder zurückgeschickt. Die Retourenquote bei Modeversandunternehmen beträgt sogar 50 Prozent. Selbst bei Büchern, Musik- und Videoprodukten ist der Anteil der Rücksendungen mit 15 Prozent noch relativ hoch.

Online bestellte Kleider und Schuhe passen oft nicht

Von der Zunahme des Onlinehandels profitieren auch andere Branchen, etwa die Verpackungsindustrie. Während Lieferungen für den stationären Einzelhandel eher gesamt verpackt werden, erfordern viele kleine Bestellungen im Onlinehandel einzelne Verpackungen. Die zunehmende Bedeutung von Füllmaterial führt auch zu Veränderungen: So werden etwa die schwer zu entsorgenden Styroporchips zunehmend durch Verpackungschips aus Stärke oder Pappe ersetzt.

Leider gibt es im Bereich Onlinehandel kaum Labels oder Zertifizierungen, die auf gute Arbeitsbedingungen hinweisen, wie etwa die SA 8000-Zertifizierung.

Das Energielabel

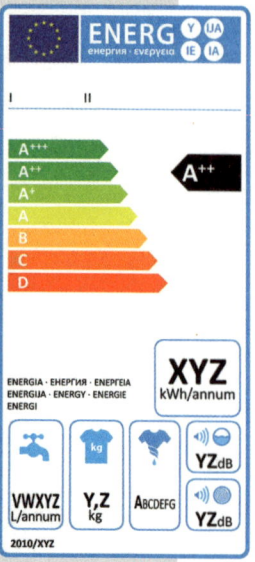

Um beim Kauf im Internet für mehr Transparenz zu sorgen, ist seit 1. Jänner 2015 die grafische Darstellung des EU-Energielabels auch im Onlinehandel verpflichtend. Seit diesem Zeitpunkt müssen die folgenden Gerätekategorien auch in Onlineshops mit dem EU-Label gekennzeichnet werden:

- TV-Geräte
- Kühl- und Gefriergeräte
- Geschirrspüler
- Waschmaschinen
- Wäschetrockner
- Waschtrockner
- Lampen und Leuchten
- Haushaltsbacköfen und Dunstabzugshauben
- Klimageräte
- Warmwasserbereiter und Heizgeräte

Onlinehändler in der Kritik

Immer wieder geraten Onlinehändler in die Kritik, allen voran Amazon und Zalando.

Rund 183.000 Mitarbeiter sind weltweit bei Amazon beschäftigt, in Deutschland arbeiten mehr als 12.000 Menschen für das Unternehmen. 2013 wurde erstmals Kritik an ausbeuterischen Arbeitsbedingungen in Auslieferzentren von Amazon laut. 2015 berichtete die New York Times vom bisweilen gnadenlosen Umgang mit dem Personal bei Amazon USA: Von Überwachung und Einsatz rund um die Uhr, vom Anschwärzen der Kollegen, vom Sammeln unzähliger Daten über die Leistung, vom Rausdrängen von Kranken und vermeintlichen Minderleistern war die Rede. „Amazon stellt Menschen ein, beutet sie aus bis zum bitteren Ende und wirft sie dann weg", sagt Thomas Schneider von der deutschen Gewerkschaft Verdi. Auch in Deutschland berichteten Mitarbeiter der Firma über immensen Druck.

Amazon und Zalando in der Kritik

Monkey Business Images/Sutterstock.com

2014 nahm eine RTL-Reporterin den Onlinehändler Zalando unter die Lupe: Sie schlüpfte für drei Monate mit versteckter Kamera in die Rolle einer „Pickerin". So heißen die Mitarbeiter, die 10 bis 15 Kilometer pro Schicht laufen, um bestellte Waren aus den Regalen zu holen; für einen Stundenlohn von 8,79 Euro. Im Bericht wurde ein Spitzenwert von 27 Kilometern pro Schicht genannt; Sitzen sei während der Arbeitszeit „unerwünscht".

Aus eigener Erfahrung

Die neueste Lieblingsbeschäftigung meiner Tochter ist es, auf Webseiten diverser Möbelhäuser zu surfen, um ihr ganz persönliches Traumzimmer zusammenzustellen. Das heißt noch lange nicht, dass wir auch etwas kaufen. Denn bevor es ernst wird, schaltet sich Mutters mahnende Stimme ein, die hinterfragt, ob das jetzt wirklich notwendig ist – oder ob es bei Bedarf auch ein gebrauchtes Teil sein kann. Dann wird eifrig weitergesurft, diesmal auf Gebrauchtbörsen wie willhaben.at.

Da ich selbst nur in Ausnahmefällen etwas im Internet bestelle und im Allgemeinen meinen Konsum auf ein vernünftiges Maß reduziert habe, ist es mir wichtig, diese Einstellung auch meinen Kindern zu vermitteln. Was mit zunehmendem Alter schwieriger wird, wie mir mein fast erwachsener Sohn gerne vor Augen führt. Als er sich vor nicht allzu langer Zeit – mit selbst gespartem Geld! – ein nagelneues iPhone6 kaufte, wurde mir endgültig klar, dass es mit dem mütterlichen Einfluss vorbei ist. Leons knappe Meinung dazu: „Es ist einfach das Beste."

Der mütterliche Einfluss hat Grenzen

Meine Tochter sieht zwar sehr gerne fern und lässt sich mitunter auch von Werbung berieseln, will aber zum Glück nicht alles, was sie sieht, sofort haben. Was – so hoffe ich zumindest – auch auf den Einfluss ihrer Eltern zurückzuführen ist: Ich selbst drehe das Radio leise, sobald Werbung kommt; das Fernsehgerät schalten mein Mann und ich in erster Linie ein, um Filme auf DVD anzusehen. Und wenn ich Amelie bei ihren Lieblingssendungen laut auflachen höre, weiß ich, dass auch Fernsehen durchaus seine Berechtigung hat.

„Heute wollen die Kinder dort einkaufen, wo alle einkaufen"

Die Allgemeinmedizinerin und TCM-Ärztin Claudia Lazar legte bei ihren Kindern Laura (17) und Jakob (13) von Anfang an Wert auf Nachhaltigkeit – und gehörte damit Ende der 1990er-Jahre zu einer Minderheit: „Ökologische Kleidung gab es damals nur bei wenigen Herstellern, Bio-Produkte auf einzelnen Bauernhöfen oder Märkten." Lazars Hauptanliegen neben dem ökologischen Aspekt: Keine in Textilien enthaltenen Schadstoffe sollten mit der Haut ihrer Kinder in Berührung kommen. Sie entdeckte die Marke Hess Natur für Babybodys und -strampler sowie Stoffwindeln von Popolino. „Später kaufte ich Kinderkleidung in Secondhand-Läden, da mehrfach gewaschene Kleidung keine Chemikalien mehr enthält." Die Wienerin legt Wert darauf, regionale Herstellung – wie etwa beim Schuhkauf – zu unterstützen. Mit dem Heranwachsen der Kinder wurde das jedoch schwieriger: „Heute wollen die beiden dort einkaufen, wo alle einkaufen." Lazar versucht dennoch, das Konsumverhalten ihrer Kinder zu lenken, das, wie sie sagt, von einem Überangebot an Shoppingcentern und Werbung gesteuert sei. „Mein Sohn hatte eine Phase, in der er stundenlang bei Amazon surfte und ständig etwas anderes wollte. Bis ich ihn bat, die Seite nicht mehr so oft aufzurufen, was er letztlich befolgte." Die Ärztin wünscht sich, dass Kinder in der Schule lernen, sinnvoll mit Ressourcen umzugehen. „Zum Glück gibt es engagierte Lehrer, die sich für das Thema Nachhaltigkeit einsetzen."

Edyta Pawlowska/Shutterstock.com

Wie Sie Online-Gefahren begegnen können

- Erklären Sie Ihrem Kind, dass es wenig Sinn macht, Kleider oder gar Schuhe zu kaufen, ohne sie vorher probiert zu haben.
- Zeigen Sie den Kindern Geschäfte, in denen Sie gerne einkaufen – vor allem solche, die für nachhaltigen Einkauf stehen (z.B. Weltläden).
- Nutzen Sie Onlinebörsen für gebrauchte Artikel wie willhaben.at oder eBay.

- Es gibt zahlreiche Möglichkeiten der Mitbestimmung im Internet, etwa das Kampagnen-Netzwerk Avaaz oder die Bürgerbewegung Campact (siehe Links).
- Reden Sie mit größeren Kindern darüber, wie sie sich gegen ausbeuterische Unternehmen und für mehr Umweltschutz einsetzen können.

Worauf Sie beim Online-Einkauf achten sollten

- Wählen Sie Anbieter, die nachhaltige Produkte (bio, regional, fair gehandelt, umweltschonend) anbieten. Produkte, die zudem in Ihrer Region hergestellt werden, haben kürzere Lieferwege.
- Achten Sie auf Verpackungen aus recycelten Materialien oder eine wiederverwendbare Verpackung. Manche Händler stellen bei der Bestellung „Recycling-Verpackung" oder „plastikfreie" Verpackungen zur Auswahl. Verpackung aus recyceltem Papier ist unter anderem mit dem Österreichischen Umweltzeichen, dem EU Ecolabel oder mit dem Blauen Engel zertifiziert.

RECYCLABLE

sematadesign1/Sutterstock.com

- Lassen Sie sich die Produkte CO_2-neutral liefern. Die meisten Händler, die CO_2-neutral zustellen, schreiben das als Info in die Lieferbedingungen. In Städten bieten manche Händler auch die Lieferung mit dem Lastenfahrrad an.
- Bündeln Sie Ihre Online-Einkäufe. So vermeiden Sie, dass alle Produkte einzeln verpackt und versendet werden.
- Wenn Sie Lebensmittel online kaufen, nutzen Sie regionale Lieferdienste (siehe auch Kapitel „Essen und Trinken", ▶ Seite 46). Wenn Ihnen das Bio-Kistl zu groß ist, teilen Sie es mit Ihren Nachbarn, eventuell kommen auch Einkaufsgemeinschaften infrage.

Links

www.konsument.at > Suchbegriff: Kinderwerbung	**KONSUMENT-Reports zum Thema Kinderwerbung**
www.kidsva.de	**KidsVerbraucher-Analyse (KidsVA)**
www.foodwatch.org/de	**Foodwatch**
www.saferinternet.at > Suchbegriff: Online-Shopping	**Tipps für sicheres Online-Shopping**
www.umweltbundesamt.de > Klima/Energie > Energiesparen > Energieverbrauchskennzeichnung	**EU-Energielabel**
www.bewusstkaufen.at > Gütezeichen	**SA8000-Zertifizierung**
http://avaaz.org/de https://www.campact.de https://www.aufstehn.at	**Mitbestimmung im Internet**

Bolodorova Kseniya/shutterstock.com

Gemeinsam Ressourcen nutzen

Sharing Economy, Nachbarschaftshilfe oder Urban Gardening – viele Initiativen fußen auf derselben Idee: Menschen zu vernetzen und Ressourcen zu teilen.

Immer mehr Menschen suchen Alternativen zum herkömmlichen Konsumdenken und werden bei Tauschbörsen oder Nachbarschaftsnetzwerken fündig. Die Fragen, die hier aufgeworfen werden, lauten: Wie lange hält das gute Gefühl an, wenn ich mir etwas kaufe – und wie lange, wenn ich etwas teile? Und: Was brauche ich wirklich?

Sharing Economy

Die Idee des Tauschens und Teilens ist nicht ganz neu – man denke nur an Büchereien oder Waschsalons –, doch das Angebot an Sharing-Modellen hat dank Internet und sozialer Netzwerke eine neue Dimension erreicht. Der Wunsch nach mehr Nachhaltigkeit spielt laut einer Studie der Universität Lüneburg beim neuen Trend eine große Rolle. Darin werden zwei Konsumtypen der Sharing Economy unterschieden: Menschen mit ausgeprägter Sozialorientierung und grundlegendem Nachhaltigkeitsbewusstsein stehen den Konsumpragmatikern gegenüber, die sich in erster Linie aus rein praktischen Gründen wie Kostenersparnis dem Trend anschließen. Laut der deutschen Studie haben für 37 Prozent der Befragten alternative Besitz- und Konsumformen eine Bedeutung. In Österreich wird die Situation wohl nicht viel anders sein, wie auch Studienautor Prof. Dr. Harald Heinrichs, Professor für Nachhaltigkeit und Politik an der Universität Lüneburg, bestätigt (siehe Interview ▸ Seite 133).

Die Vorteile von Sharing-Modellen liegen auf der Hand, wie eine Studie der AK Steiermark bestätigt: Sie reichen von Kostenersparnis über das gute Gefühl,

Das Interesse an alternativen Konsumformen wächst

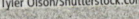

„Es gibt ein Potenzial für intelligenten Konsum"

Prof. Dr. Harald Heinrichs ist Professor
für Nachhaltigkeit und Politik an der Universität Lüneburg

Brinkhoff-Moegenburg/Leuphana

KONSUMENT: Ihre Studie über die Sharing Economy
gilt für Deutschland – gibt es für Österreich Vergleichswerte?
Heinrichs: Angesichts von Ähnlichkeiten zwischen Deutschland und
Österreich bezüglich Umweltbewusstsein oder sozio-ökonomischer
Situation nehme ich an, dass eine Vergleichsstudie ähnliche Ergebnisse
bringen würde.

**Laut Ihrer Studie werden Tauschmodelle hauptsächlich über das Internet
abgewickelt. Es gibt aber auch private Tauschbörsen, die ohne Internet auskommen.**
Was gerade unter dem Dachbegriff „Sharing Economy" diskutiert wird, ist nicht alles neu.
Es gibt den nicht-kommerziellen Tauschring ebenso wie das professionalisierte Carsharing,
und das ist gut so. Die Weiterentwicklung der Sharing Economy hängt davon ab, dass
sowohl zivilgesellschaftliche Formen des Tauschen und Teilens weiterentwickelt werden
als auch Geschäftsmodelle wie Produkt-Dienstleistungssysteme.

**Ein Kritikpunkt an der Sharing Economy lautet,
dass es lediglich eine andere Form des Konsums sei.**
Ich nenne es „alternative Besitz- und Konsumformen". Wir stehen nicht vor einer Abkehr
der Gesellschaft vom Konsum. Die Frage ist eher, welchen Beitrag die Sharing Economy zu
einer nachhaltigen Wirtschaft leisten kann. Ich denke, dass es ein Potenzial für intelligenten
Konsum gibt, indem Ressourcen durch Teilen, Tauschen oder Leasen besser genutzt werden. Dadurch wird der Ressourcenverbrauch reduziert, die Wertschöpfung dezentralisiert
und soziale Beziehungen werden gestärkt.

**Ist die Sharing Economy eine langfristige Entwicklung?
Was bedeutet das für die Wirtschaft?**
Wenn man sieht, wie viele Start-ups und Initiativen der engagierten Zivilgesellschaft
entstanden sind und dass in Ländern wie Südkorea (Sharing City Seoul) und den USA
(Shareable Cities Initiative) das Thema auch die Politik und Verwaltung erreicht, spricht
vieles für eine weitere Entwicklung der Sharing Economy. Aus meiner Sicht wird sie die
eigentumsorientierte Ökonomie aber nicht ersetzen, sondern diese ergänzen. Es wird auch
Auswirkungen auf traditionelle Geschäftsmodelle geben. Was die mit der Sharing Economy
verbundene Frage nach dem volkswirtschaftlichen Wachstum betrifft, sind in den kommen-
den Jahren die Ökonomen gefordert. Hierzu gibt es bislang nur Spekulationen.

einen Beitrag zu mehr Nachhaltigkeit zu leisten, bis zu einem neuen Gemeinschaftssinn. Denn man tauscht nicht nur Produkte oder Dienstleistungen, sondern auch Erfahrungen aus und lernt dabei Gleichgesinnte kennen. Gemeinschaftsgärten beispielsweise bieten nicht nur ein Forum für Hobbygärtner, sondern auch ein Miteinander von Menschen verschiedenster sozialer Herkunft. Und Tauschbörsen unter Nachbarn führen womöglich zu besseren nachbarschaftlichen Beziehungen. „Dazu kommen weniger Sorgen", fügt Josef Kaufmann von der AK Steiermark hinzu. „Ein Lebensstil mit selbst gewählter Eigentumsbeschränkung bedeutet, dass man sich um weniger Hab und Gut kümmern muss."

Ressourcenverschwendung

Der Hintergrund für die wachsende Bewegung der Sharing Economy ist ein ernster: Unser Verlangen nach immer neuen Konsumgütern bringt die Erde aus dem Gleichgewicht; die weltweiten Ressourcen in Form von Rohstoffen, Wald, fossilen Energien sowie Wasser und Land drohen zu verknappen. Die globale Ressourcenentnahme ist von rund 36 Mrd. Tonnen (1980) auf 78 Mrd. Tonnen (2011) gestiegen. Der sogenannte Welterschöpfungstag (World Overshoot Day) fiel im Jahr 2015 auf den 13. August. Das ist laut der Organisation Global Footprint Network der Tag, ab dem wir aus ökologischer Sicht über unsere Verhältnisse leben. „Die Menschheit entnimmt damit mehr Ressourcen aus der Natur, als diese jährlich erneuern kann, und hinterlässt mehr Treibhausgase, als die Erde nachhaltig verkraften kann", stellten die Umweltschutzorganisationen WWF, GLOBAL 2000 und Greenpeace in einem Statement fest. Ein Jahr davor, 2014, war der Overshoot Day noch auf den 19. August gefallen. Einer der größten Netto-Importeure von natürlichen Ressourcen pro Kopf ist Europa, Österreich liegt innerhalb der EU an vierter Stelle. Der zunehmende Verbrauch führt nicht nur zu Umweltproblemen, er ist oft auch mit sozialen Missständen wie Menschenrechtsverletzungen oder schlechten Arbeitsbedingungen verknüpft.

Wir beuten unseren Planeten aus

Africa Studio/Shutterstock.com

Tauschen und teilen

„Suche Babysitter, biete Verleih von Haushaltsgeräten" – so könnte das Angebot auf einer Plattform für Nachbarschaftshilfe aussehen. Dafür gibt es Websites zum Austausch unter Nachbarn oder Tauschkreise, wo Waren und Dienstleistungen auf der Basis einer symbolischen Währung getauscht werden.

Tauschkreise boomen

Bereits Anfang der 1980er-Jahre richtete der Arbeitslose Brite Michael Linton den ersten LETS (Local Exchange Trading System)-Tauschkreis ein. Die Idee verbreitete sich schnell über Europa und die USA. Der Wert der Arbeit wird in diesen Systemen vor allem vom Zeitaufwand bestimmt, nicht von anderen wirtschaftlichen Faktoren. Damit hinterfragen die Tauschkreise traditionelle Wirtschaftsformen und bewerten den Menschen in erster Linie nach seinen Bedürfnissen und Fähigkeiten. Im LETS-Tauschkreis Wien etwa gilt der Grundsatz, dass unabhängig von der Art der Leistung ein fixer Stundensatz verrechnet wird. Österreichweit gibt es

Wir gemeinsam

Ausgehend von der oberösterreichischen Region Ried im Innkreis wurde das Netzwerk „Wir gemeinsam" aufgebaut, in dem Menschen ihre vielfältigen Talente austauschen, um einander zu helfen und zu unterstützen. Die Mitglieder bieten Tätigkeiten wie Hilfe im Haushalt, Kinderbetreuung oder Reparaturen an und können dafür zu einem anderen Zeitpunkt ähnliche Dienste in Anspruch nehmen. Das funktioniert mithilfe eines Zeitkontos und von Zeitscheinen, bei denen jede Stunde – egal für welche Tätigkeit – gleich viel wert ist. Bei monatlichen Treffen der Regionalgruppen kommen Menschen zusammen, um Hilfe zu finden oder anzubieten; dazu gibt es eine Marktzeitung für Mitglieder. „Unsere Nachbarschaftshilfe startete 2008 und umfasst derzeit 26 Regionen mit ca. 2.000 Mitgliedern in Oberösterreich und Grenzregionen", erklärt Tobias Plettenbacher, Obmann des Vereins Wir gemeinsam. Für alle Mitglieder von Wir gemeinsam besteht ein Versicherungspaket, das sie bei Hilfsdiensten im Rahmen der Nachbarschaftshilfe umfassend versichert. „Es ist auf diese Weise ein tragfähiges Netzwerk entstanden, das die Menschen zusammenhält", so Plettenbacher. „Ein Netzwerk, in dem man sich aufgehoben fühlt und gegenseitig gerne hilft."

Photographee.eu/Shutterstock.com

mehrere regional organisierte Tauschkreise. „Eine Stunde Arbeit, egal ob Babysitten, Kochen oder Massage, kostet 100 Talente (oder einen individuell zu vereinbarenden Betrag), die vom Talentekonto des Konsumenten abgebucht und auf das Konto des Gebers gutgeschrieben werden", heißt es auf der Homepage des Talente Tauschkreises Kärnten. Talente ist hier die Bezeichnung für die symbolische Währung. Der Hauptvorteil besteht darin, dass eine Leistung in Anspruch genommen werden kann, ohne dass sofort eine Gegenleistung erbracht werden muss. Der Ausgleich kann später auch bei anderen Tauschpartnern erfolgen. Talente Tauschkreise gibt es unter anderem in Vorarlberg, Niederösterreich und Wien, der Tauschkreis-Verbund ist ein Zusammenschluss von mehreren Tauschkreisen im deutschsprachigen Raum.

Gemeinsam gärtnern

Michaela und Hans Aufreiter hatten im Frühjahr 2012 die Idee, auf ihrem Bauernhof im Mühlviertel gemeinsam mit Interessierten Gemüse anzubauen, zu ernten und gemeinsam einzulagern. Acht Familien nahmen

an dem Projekt teil und ernteten im Herbst Erdäpfel, Zwiebel, Karotten und vieles mehr. „Die Rückmeldungen der Teilnehmer zeigten uns, dass es ihnen wichtig war, frisches und regionales Gemüse zu bekommen", erzählt Hans Aufreiter. „Aber auch die Wertigkeit und die Achtung vor den selbst produzierten Lebensmitteln ist gestiegen." Die Aufreiters stellen ihr Wissen über die Zusammenhänge der Natur, über den Anbau von Gemüse, das Ernten und Einlagern gerne zur Verfügung. Mit Erfolg: Im Folgejahr nahmen bereits 20 Familien an dem Projekt teil. „Sogar aus den umliegenden Gemeinden kommen Leute zu uns, da es noch zu wenige Bio-Bauern gibt, die ihr Wissen und ihre Felder zur Verfügung stellen."

Eine Variante des gemeinsamen Gärtnerns ist auch das Urban Gardening: Besonders in Städten werden Gemeinschaftsgärten immer beliebter. Unter dem Motto „gemeinsam gartln verbindet" fördert die Stadt Wien seit 2010 aktiv Nachbarschafts- und Gemeinschaftsgärten. Auch die Stadt Graz bietet ihren Bewohnern, die innerhalb des Stadtgebietes einen Gemeinschaftsgarten betreiben, unter bestimmten Voraussetzungen einen Zuschuss für die Anschaffung von Gartenmaterial sowie Pachtkosten an. Die Flächen, auf denen Gemeinschaftsgärten errichtet werden, gehören meist öffentlichen Trägern wie Städten, Kommunen, Kirchen oder Stiftungen. Die Kosten für Wasser, Versicherung oder Abfall werden oft zur Gänze von der Stadt oder anteilig von den Gärtnern übernommen.

gorillaimages/Shutterstock.com

Hilfe unter Nachbarn

Gerade in der Anonymität von Großstädten können Nachbarschaftsnetzwerke die Menschen einander näherbringen. Ein Beispiel dafür ist Frag-Nebenan in Wien: „Wir werden immer mehr und haben immer weniger miteinander zu tun", begründet Geschäftsführer Stefan Theißbacher seine Initiative. „Wir wollen etwas dagegen tun, indem wir Nachbarn miteinander vernetzen." Interessierte können ein Profil anlegen und ihre Wohngegend angeben. Danach wird ausgewählt, welche Tätigkeiten man im Bedarfsfall selbst ausüben kann (z.B. ältere Nachbarn unterstützen oder kurz auf Kinder aufpassen) und woran man interessiert ist

Nachbarschafts-
hilfe in der
Großstadt

Wohnprojekt Wien

Inmitten der Betonbauten am ehemaligen Nordbahnhofgelände in der Wiener Leopoldstadt erfreut ein Gebäude aus Holz das Auge: das Wohnprojekt Wien. Es wurde von den Bewohnern gemeinsam mit dem Architekturbüro einszueins geplant und gestaltet; heute wohnen viele Familien in dem Haus am Rudolf-Bednar-Park. Nadine Hilmar, Mutter dreier Kinder, war von Anfang an in das Projekt eingebunden. „Wir verwalten das Wohnprojekt gemeinsam in Gruppen, ich bin Mitglied der Finanzgruppe." Die Bewohner sind aufgerufen, sich durchschnittlich zehn Stunden pro Monat einzubringen. Jeden Tag wird in der Gemeinschaftsküche gekocht: „Man kann sich täglich bis 10 Uhr für den Mittagstisch anmelden." Die professionelle Familienbegleiterin schätzt das Gemeinschaftsgefühl im Wohnprojekt. „Wenn

den Kindern langweilig ist, gehen sie ihre Freunde im Haus besuchen. Falls ich schnell einkaufen gehen möchte, bitte ich Nachbarn, auf die Kinder zu schauen." Die Bewohner des Wohnprojekts legen großen Wert auf Nachhaltigkeit: Es gibt ein hauseigenes Carsharing, einen geräumigen Fahrradraum und ein Lastenrad, das allen zur Verfügung steht. Die Foodcoop „Krakarotte" bezieht Lebensmittel von regionalen Bauern und die hauseigene Bio-Greißlerei „Salon am Park", die von acht Bewohnern des Hauses geführt wird, bietet regionale und biologische Produkte an. Zum Wohnprojekt gehören außerdem ein Dachgarten mit Sauna und Bibliothek, ein Kinderspielraum, ein Gemeinschaftsgarten, zwei Veranstaltungsräume sowie drei Gästeappartements. In einem der Appartements ist zur Zeit eine syrische Flüchtlingsfamilie untergebracht. „Zudem gibt es zwei geförderte Wohnungen für Menschen mit geringem Einkommen", ergänzt Hilmar. Von den Bewohnern wird dafür ein Solidaritätsbeitrag eingehoben. „Jeder zahlt, so viel er möchte und kann." Das Wohnprojekt Wien wurde 2014 mit dem Staatspreis für Architektur und Nachhaltigkeit ausgezeichnet.

(etwa an Mitfahrgelegenheiten oder der Betreuung von Haustieren). Das Anliegen wird einfach auf der Website deponiert.

Bleibt die rechtliche Frage: Sind fünf Euro in der Stunde für den Schwager, der beim Ausmalen hilft, steuerpflichtig? Für das Finanzministerium ist klassische Nachbarschaftshilfe, sofern sie kurzfristig, einmalig und unentgeltlich ist, nicht steuerpflichtig. „Es darf kein Geld fließen", so Ministeriumssprecher Johannes Pasquali. Aber er stellt auch klar: „Unser Fokus ist der gewerbliche Pfusch am Bau." In der Tat wäre es für die Finanzbehörden wenig sinnvoll, jedem Bagatellfall nachzugehen – etwa, wenn jemand seiner alten Nachbarin den Einkauf erledigt.

Ein Auto teilen

Immer mehr Menschen verzichten auf ein eigenes Auto und greifen bei Bedarf auf Carsharing zurück. Das gemeinsame Nutzen eines Autos entlastet die Umwelt, ein Carsharing-Auto ersetzt acht Pkw. Das schafft Platz für andere Nutzungen des öffentlichen Raumes – ein vor allem in Ballungsräumen starkes Argument. Laut Verkehrsclub Österreich (VCÖ) steigen Personen, die weniger als 12.000 Kilometer pro Jahr mit dem Auto fahren, mit Carsharing günstiger aus als mit einem eigenen Auto. Hinzu kommt, dass durch den Umstieg aufs Carsharing unüberlegte Autofahrten wegfallen. 43 Prozent der Personen, die in Österreich auf Carsharing umgestiegen sind, fahren häufiger mit öffentlichen Verkehrsmitteln und mit dem Fahrrad. Das Auto wird nach dem Umstieg um die Hälfte weniger genutzt. Das gilt allerdings nicht für Angebote wie car2go in Wien: Hier müssen Autos nicht langfristig im Voraus reserviert werden; die spontane Nutzung verleitet womöglich zu Fahrten, die auch mit öffentlichen Verkehrsmitteln möglich wären. In den kleinen Fahrzeugen ist kein Transport von größeren Einkäufen oder sperrigen Gütern möglich.

In der Stadt Salzburg wurde 2012 EMIL, Österreichs erstes Elektro-Carsharing gestartet, das Land Niederösterreich bietet ebenfalls E-Carsharing an (siehe Links am Kapitelende).

Neben kommerziellen Anbietern wie Drive Now oder Zipcar können auch Privatpersonen eine gemeinsame Nutzung in Form von Miteigentum

pathdoc/Shutterstock.com

Carsharing entlastet die Umwelt und spart Geld

oder Automitbenutzung organisieren. Es gibt mittlerweile mehrere private Initiativen, darunter Carsharing 247 und Caruso. Beim Miteigentum kaufen mehrere Personen gemeinsam ein Auto, alle Partner sind gleichberechtigt und vereinbaren die Regeln untereinander. Bei der Automitbenutzung erlaubt der Eigentümer des Autos anderen Personen, sein Auto regelmäßig gegen einen fix vereinbarten Kostenersatz zu benutzen. Die Verantwortung bleibt beim Eigentümer, die Mitbenutzer haben dafür weniger Mitspracherecht. Für Personen, die sich auf Privatinitiative ein Auto teilen wollen und eine vertragliche Grundlage dafür benötigen, gibt es Musterverträge, etwa vom VCD (Verkehrsclub Deutschland), die individuell adaptiert werden können (siehe Links).

Carsharing unter Privatpersonen

Wer kein eigenes Auto besitzt, kann auch einen klassischen Mietwagen in Betracht ziehen. Dieser kommt vor allem bei längeren Strecken mit fixen Destinationen günstiger, etwa bei Urlaubsreisen. Beim Vergleich sollte auch berücksichtigt werden, dass der Vollkaskoschutz (ohne Selbstbehalt) beim Mietwagen im Preis bereits inkludiert ist.

Lebensmittel ver(sch)wenden

Laut einer Studie der Food and Agriculture Organization (FAO) werden weltweit jährlich 1,3 Milliarden Tonnen Lebensmittel weggeworfen. In Österreich sind es jährlich rund 157.000 Tonnen Essen, die im Müll landen – verpackt und unverpackt. Eine Gegenbewegung dazu bieten die österreichischen Tafeln, die noch genießbare Lebensmittel sammeln und an Bedürftige weitergeben. Alleine die Wiener Tafel rettet bis zu drei Tonnen Lebensmittel pro Tag vor dem Müll und versorgt mit den Warenspenden von Handel, Industrie und Landwirtschaft 18.000 Armutsbetroffene in Sozialeinrichtungen.

Auch das Netzwerk Foodsharing setzt hier an: Teilnehmer können durch Teilen und Tauschen verhindern, dass noch essbare Lebensmittel vernichtet werden. Die Grundidee dahinter: Menschen teilen Essen, um den

Lebensmitteln wieder einen ideellen Wert zu verleihen. Die sogenannten Dumpster oder Mülltaucher gehen einen Schritt weiter: Sie suchen in den Mülltonnen der großen Supermärkten nach einwandfreien Lebensmitteln, die dort entsorgt wurden.

Ausleihen statt kaufen

Öffentliche Büchereien sind ein Paradebeispiel für gemeinsame Nutzung: Hier können nicht nur Bücher, sondern auch Filme, Musik-CDs oder Spiele ausgeliehen werden. Immer mehr Unternehmen bieten Haushaltsgeräte oder elektronische Geräte zum Verleih an. Große Baumärkte wie OBI, Lagerhaus oder Hornbach betreiben einen hauseigenen Geräteverleih: Gerade bei Werkzeugen wie Bohrmaschinen, Fliesenschneidern oder großen Gartengeräten zahlt sich eine eigene Anschaffung nicht immer aus. Auch Computer werden zum Verleih angeboten, etwa bei erento.at. Und Kinderwagen wechseln bei Kinderwagen Cindy den Besitzer.

Kaufen war gestern

Das Kärntner Unternehmen More Maschinen bietet einen Verleih von Waschmaschinen, Geschirrspülern oder Gartengeräten an, ebenso das Wiener Reparatur- und Servicezentrum R.U.S.Z: „Bei unserem Waschmaschinen-Leasing für Privathaushalte ist eine Kaution von 350 Euro vorab zu bezahlen", erklärt Geschäftsführer Sepp Eisenriegler. „Die monatliche Miete beläuft sich je nach Modell auf 10 bis 20 Euro." Eisenrieglers Credo: „Man muss nicht alles besitzen." In Waschsalons oder hauseigenen Waschküchen kann ebenfalls Wäsche gewaschen werden. Innovative Waschsalons wie GreenClean setzen auf umweltfreundliche Waschmittel und sparsamen Wasserverbrauch. Auch auf Plattformen wie teilbar.at oder usetwice.at wechseln Gegenstände den Besitzer. Und in den Leihläden (Leila) kann man gegen eine geringe Jahresgebühr Dinge ausleihen.

Gebraucht kaufen oder reparieren

Auch Anbieter und Käufer gebrauchter Waren sind Teil der Sharing Economy: Zahlreiche Online-Anbieter wie eBay, willhaben.at oder flohmarkt.at offerieren Waren, die wenig benutzt oder sogar neuwertig sind. Auf Flohmärkten und in Secondhand-Läden finden sich Kleidung, Geschirr oder Gebrauchsgegenstände – meist in einwandfreiem Zustand – zu günstigen Preisen. Und auch wohltätige Organisationen wie die Caritas (Carla) verkaufen gesammelte Secondhand-Ware für einen guten Zweck. In einigen österreichischen Städten gibt es sogenannte Kostnix-Läden: Hier kann man funktionstüchtige Dinge abgeben, die nicht mehr benötigt werden, und im Gegenzug Waren mitnehmen.

Auch Reparaturen können zur Ressourcenschonung beitragen. In zahlreichen Städten werden Repair Cafés angeboten. „Hier werden Interessierte unter fachlicher Anleitung bei der Selbstreparatur unterstützt", erklärt Sepp Eisenriegler, Geschäftsführer des R.U.S.Z, der in seinem Betrieb auch gebrauchte Geräte zum Verkauf anbietet. Im Reparaturführer für Wien bzw. Österreich finden sich Betriebe über alle Branchen hinweg. Leider sind die lokalen Netzwerke derzeit noch sehr lückenhaft. Es gibt, besonders außerhalb Wiens, wesentlich mehr Reparaturbetriebe als im Reparaturführer angegeben. Vor allem Schuster oder Schneider werden sich in vielen Städten oder Stadtteilen finden. Ein Blick ins Branchenverzeichnis der Telefonbücher lohnt sich.

Die Schattenseiten der Sharing Economy

Dass alternative Konsum- und Besitzformen zukunftsträchtig sind, steht fest: Das britische Wirtschafts- und Politikmagazin „The Economist" bezeichnete bereits 2011 die „Sharing Economy" als einen der zehn wichtigsten globalen Gesellschafts- und Wirtschaftstrends für das kommende Jahrzehnt. Dennoch hat der neue Trend auch Schattenseiten: „Dass Sharing-Modelle zu einer Reduktion des Konsums führen, trifft nur im besten Fall zu", sagt Niko Paech, einer der bekanntesten Vertreter der Postwachstumsökonomie. Durch Carsharing etwa würden Menschen Auto fahren, die es nicht täten, wenn sie sich einen eigenen Pkw kaufen müssten. „Ein anderes Beispiel ist die Plattform Airbnb für Menschen, die Flugreisen unternehmen, die sie sich infolge zu teurer Unterkünfte am Zielort gar nicht leisten könnten", so Paech weiter. Durch dieses Sharing-Angebot würde die Zahl der Fernreisen und damit die CO_2-Emission durch Langstreckenflüge steigen.

Auch in anderer Hinsicht steht Airbnb in der Kritik: Die ursprüngliche Idee der Betreiber bestand darin, Gäste, die Land und Leute kennenlernen möchten, in der eigenen Wohnung unterzubringen. Doch mittlerweile inserieren immer mehr gewerbliche Vermieter auf der Plattform. Für Wohnungseigentümer ist es viel lukrativer, an Touristen zu vermieten, als sich Langzeitmieter zu suchen.

Kritik an AirBnB wächst

Unter den Anwohnern in Gegenden wie Barcelonas Strandviertel, wo bezahlbare Mietwohnungen schwer zu finden sind, formiert sich Widerstand. Auch der Hotelbranche ist der Konkurrent ein Dorn im Auge. Streitpunkte sind die kommerzielle Wohnraumnutzung, die Umgehung von Steuerzahlungen und das Gewerberecht.

In Österreich wächst Airbnb ebenfalls rasant. Im Juli 2014 entschied der Oberste Gerichtshof (OGH), dass Eigentumswohnungen nicht mehr über Airbnb vermietet werden dürfen, wenn zuvor nicht alle Hauseigentümer zugestimmt haben. Gänzlich verboten ist eine Untervermietung bei Genossenschafts- und Gemeindewohnungen. Eine Alternative zu bezahlten Angeboten ist die Onlineplattform Couchsurfing.com, wo Mitglieder kostenlose Schlafstätten für Gäste zur Verfügung stellen – und das kann nicht nur eine Couch, sondern auch ein bequemes Bett sein.

Was Sie tun können

- Es gibt zahllose Möglichkeiten, Produkte oder Dienstleistungen auszuleihen, zu tauschen oder zu teilen – auch in Ihrer Heimatregion. Nutzen Sie die Links in diesem Buch oder suchen Sie im Internet nach weiteren Angeboten.
- Überlegen Sie, in welchen Bereichen das Teilen oder Leihen für Sie infrage kommt und wo Sie auf keinen Fall auf Eigentum verzichten wollen oder können.
- Auch wenn Servicestellen schnell abwinken – eine Reparatur kann sich lohnen. Informieren Sie sich in Reparaturführern über Betriebe, die Geräte reparieren. Schuster oder Schneider arbeiten oft preiswerter als vermutet.

„Wir wollen Brücken bauen"

Lisa Engel ist Mutter dreier erwachsener Kinder und hat langjährige Erfahrung mit Tauschkreisen: „Der Talente Tauschkreis Kärnten, in dem ich seit 18 Jahren Mitglied bin, kam mir als junge Mutter in einer finanziellen Notlage zu Hilfe", erzählt die Künstlerin. „Im Austausch gegen meine Kenntnisse als Fotografin und Texterin bekam ich Nahrungsmittel und Kinderbetreuung angeboten." Heute nutzt Engel ihre Kontakte, um Flüchtlinge in ihrem Heimatort Althofen zu unterstützen. „Wir haben das Projekt ‚Grenzenlos Kochen' ins Leben gerufen, wo Menschen verschiedener Herkunft sich mit Einheimischen beim Kochen abwechseln", erzählt die Kärntnerin. „Auch in einer offenen Tischlerwerkstatt können Asylwerber und Einheimische voneinander lernen. Unser Ziel ist es, Brücken zwischen den Menschen zu bauen." Engel ist der Meinung, dass Tauschkreise oder Plattformen für gebrauchte Waren die Zukunft sind. „Gerade junge Leute nutzen diese Plattformen, auch über Social Media, ganz selbstverständlich." In all den Jahren machte die 50-Jährige nur eine negative Erfahrung beim Tauschkreis. „Der Grund war, dass ich die Konditionen für einen Tausch nicht vorab geklärt hatte und dadurch ein Missverständnis entstand." Seit diesem Erlebnis legt die Kärntnerin Wert darauf, vor jedem Tausch die Rahmenbedingungen festzulegen.

Aus eigener Erfahrung

Schon lange bevor der Begriff Sharing Economy im Sprachgebrauch Einzug hielt, war ich mit meinen Kindern regelmäßiger Gast in öffentlichen Büchereien, und wir sind es bis heute. Wir leihen uns dort nicht nur Bücher aus, sondern auch Filme oder Musik-CDs. Als unsere Waschmaschine vor einigen Jahren ihr Leben aushauchte, lernten wir unsere hauseigene Waschküche zu schätzen und vermissen unsere Maschine bis heute nicht. Der Vorteil am gemeinschaftlichen Wäschewaschen: Wir sparen Kosten und die nasse Wäsche nimmt keinen Platz in unserer Wohnung weg, da wir sie in der Waschküche aufhängen können (den Trockner verwenden wir nicht, um Energie zu sparen). Als autolose Familie sind wir Mitglieder bei Carsharing-Plattformen wie Carsharing 247, da für mich private Initiativen am meisten Sinn machen: Die Autos sind bereits vorhanden und wir können Kontakte zu Nachbarn knüpfen. Für längere Strecken leihen wir uns hin und wieder ein Auto bei Zipcar aus.

Gemeinschaftlich Wäsche waschen

   In unserem Haus habe ich einen Brauch eingeführt: Wenn wir Bücher oder Gebrauchsgegenstände nicht mehr benötigen, legen wir sie auf eine Bank im Eingangsbereich; andere Hausbewohner können sich nehmen, was sie möchten. Meine Tochter, die vor Kurzem das Ausmisten entdeckt hat (bis dahin gehörte sie eher zur Spezies der Sammler), hat auf diese Weise zahlreiche alte Spielsachen oder Bücher geteilt und einiges von anderen übernommen. Und ich bin seit Kurzem Mitglied beim Nachbarschaftsnetzwerk fragnebenan.com: Als ich dringend für einige Tage eine Betreuung für unsere Katzen suchte, fand ich innerhalb kurzer Zeit eine nette Nachbarin, die sich der Miezen annahm.

Zur freien Entnahme!

Africa Studio/Shutterstock.com

Links

Global Footprint Network	www.footprintnetwork.org/de
Flohmärkte	www.flohmarkt.at
Tauschkreise in Österreich	www.sinnvolltaetigsein.at/tauschkreise
Tauschkreis Verbund	http://tauschkreis.at
Wir gemeinsam	www.wirgemeinsam.net
FragNebenan	https://fragnebenan.com
Kräuterhof Aufreiter	www.aufleben.at
More	www.more.at/mieten-statt-kaufen.html
Leihen statt kaufen	www.leihdirwas.de
	www.teilbar.at
	www.frents.com
	www.usetwice.at
	www.snapgoods.com
	http://neighborgoods.net
Kinderwagen-Verleih	www.kinderwagen-cindy.at
Computer-Verleih	www.erento.at
Leihladen	www.leihladen.at

https://www.caritas.at > Shops & Dienstleistungen	**Carla**
https://www.wien.gv.at > Suchbegriff: gemeinsam garteln	**Gemeinsam garteln**
www.umwelt.graz.at > Förderungen > Urbane Begrünung	**Grazer Gemeinschaftsgärten**
www.wohnprojekt-wien.at	**Wohnprojekt Wien**
http://dietafeln.at	**Verband der österreichischen Tafeln**
www.wienertafel.at	**Wiener Tafel**
www.rusz.at	**R.U.S.Z**
www.reparaturnetzwerk.at www.falter.at > reparaturführer	**Reparaturführer Wien, Reparatur Cafés**
www.repanet.at	**Reparaturführer Österreich**
https://www.airbnb.de	**Airbnb**
https://www.couchsurfing.com	**Couchsurfing**
www.mitfahrzentrale.at www.mitfahrgelegenheit.at www.car2go.at www.drive-now.com www.zipcar.at	**Mitfahrzentralen und Carsharing**

Privates Carsharing	https://carsharing247.com www.carusocarsharing.com http://elfriede.eu
E-Carsharing	www.fahre-emil.at www.umweltgemeinde.at > E-Mobilität
Mustervertrag Carsharing	www.vcd.org > Themen > Auto & Umwelt > Carsharing
Öffentliche Büchereien	https://www.bvoe.at > Öffentliche Bibliotheken

Service

LITERATUR

Allgemein

Nachhaltig leben.
Verein für Konsumenteninformation, Wien

**Wolf S
(2013)**

Unternehmen/Globalisierung

Schwarzbuch Markenfirmen. Die Welt im Griff der Konzerne.
Deuticke, Wien

**Werner-Lobo K,
Weiss H (2014)**

Schwarzbuch Öl.
Deuticke, Wien

**Werner-Lobo K,
Seifert T (2008)**

Aus kontrolliertem Raubbau: Wie Politik und Wirtschaft das
Klima anheizen, Natur vernichten und Armut produzieren.
Karl Blessing, München

**Hartmann K
(2015)**

Wirtschaft

Gemeinwohl Ökonomie.
Deuticke, Wien

**Felber C
(2012)**

Befreiung vom Überfluss.
Oekom, München

**Paech N
(2012)**

Essen und Trinken

Anständig essen. Ein Selbstversuch.
Goldmann, München

**Duve K
(2012)**

Tiere essen.
Fischer, Frankfurt am Main

**Foer J S
(2012)**

Verwenden statt verschwenden!
Nachhaltig mit Lebensmitteln umgehen.
Mosaik, München

**Kunz M,
Varga-Kunz S,
Fehlhaber K (2013)**

Bio? Die Wahrheit über unser Essen.
Residenz, Salzburg

**Laufer P
(2015)**

Die Wegwerfkuh: Wie unsere Landwirtschaft Tiere verheizt, Bauern ruiniert,
Ressourcen verschwendet und was wir dagegen tun können.
Karl Blessing, München

**Busse T
(2015)**

Lifestyle

**Brodde K
(2009)**
Saubere Sachen: Wie man grüne Mode findet und sich vor Öko-Etikettenschwindel schützt.
Ludwig, Kiel

**Engelhardt A
(2012)**
Schwarze Baumwolle: Was wir wirklich auf der Haut tragen.
Deuticke, Wien

Computer- und Handynutzung

**Spitzer M
(2014)**
Digitale Demenz: Wie wir uns und unsere Kinder um den Verstand bringen.
Droemer, München

**Spitzer M
(2015)**
Cyberkrank! Wie das digitalisierte Leben unsere Gesundheit ruiniert.
Droemer, München

Ressourcen

**Ehgartner B
(2013)**
Dirty Little Secret – Die Akte Aluminium.
Ennsthaler, Steyr

**Krautwaschl S
(2012)**
Plastikfreie Zone.
Heyne, München

Kinderbücher

**Murphy G
(2008)**
Klimawandel: Ist die Erde noch zu retten?
Ravensburger, Ravensburg

**Jankéliowitch A
(2014)**
Kinder, die die Welt verändern.
Gabriel, Stuttgart

**Kersting R
(2014)**
Der kleine Weltretter: Das Mitmachbuch für kleine Umweltschützer.
rap, Stegen-Eschbach

**Hölker W, Sommer-
Guist C (2010)**
Mach mit! 85 Tipps für eine bessere Welt.
Coppenrath, Münster

Jugendbücher

**Boese D
(2011)**
Wir sind jung und brauchen die Welt. Wie die Generation Facebook den Planeten rettet.
oekom, München

**Werner-Lobo K
(2010)**
Uns gehört die Welt! Macht und Machenschaften der Multis.
Hanser, Berlin

**Reeves S, Hofer J
(2011)**
500 junge Ideen, täglich die Welt zu verbessern.
Rowohlt, Reinbek

FILME

Plastic Planet. Österreich	**Boote W (2012)**
Kaufen für die Müllhalde. Frankreich, Spanien	**Dannoritzer C (2010)**
Unser Täglich Brot. Österreich	**Geyrhalter N (2005)**
Workingman's Death. Österreich	**Glawogger M (2005)**
Eine unbequeme Wahrheit. USA	**Gore A (2006)**
Planet ReThink. Dänemark	**Hardt E (2012)**
More than Honey. Schweiz, Deutschland, Österreich	**Imhoof M (2012)**
Food Inc. – Was essen wir wirklich? USA	**Kenner R (2010)**
Landraub. Österreich	**Langbein K (2015)**
Fast Food Nation. USA	**Linklater R (2006)**
How to Change the World. Greenpeace – wie alles begann. CA/GB	**Rothwell J (2015)**
Darwin's Nightmare. Österreich	**Sauper H (2006)**
Bottled Life – Nestlés Geschäfte mit dem Wasser. CH/DE/PK/US	**Schnell U (2012)**
Abgefüllt. USA	**Soechtig S, Lindsey J (2009)**
Supersize Me. USA	**Spurlock M (2004)**
Taste the Waste. Deutschland	**Thurn V (2011)**
Wie werden wir alle satt? Deutschland	**Thurn V (2015)**
We Feed the World. Österreich	**Wagenhofer E (2006)**

Nichtregierungsorganisationen (non-governmental organizations, NGOs) agieren
regierungsunabhängig und engagieren sich insbesondere für sozial- und
umweltpolitische Themen. NGOs starten regelmäßig (Online-)Petitionen
zu ökologischen oder sozialen Themen und bieten Patenschaften an
(z.B. Regenwald-Patenschaft bei Greenpeace oder WWF, Tierpatenschaften
beim WWF). Sie finanzieren sich ausschließlich oder großteils durch Spenden.

NGOs

Fernkorngasse 10, 1100 Wien
Tel. +43 1 545 45 80   Fax +43 1 545 45 80-98
E-Mail: service@greenpeace.at   www.greenpeace.at

**Greenpeace
Zentral- und
Osteuropa**

Neustiftgasse 36, 1070 Wien
Tel. +43 1 812 57 30   Fax +43 1 812 57 28
www.global2000.at

**GLOBAL 2000/
Friends of the
Earth Austria**

Ottakringer Straße 114–116, 1160 Wien
Tel. +43 1 488 170-0   Fax +43 1 488 17-44
E-Mail: wwf@wwf.at   www.wwf.at
WWF – Patenschaften: https://www.patenschaft.at

WWF Österreich

Linke Wienzeile 236, 1150 Wien
Tel. +43 1 895 02 02-0   Fax +43 1 895 02 02-99
E-Mail: office@vier-pfoten.at   www.vier-pfoten.at

**Vier Pfoten –
Stiftung für
Tierschutz**

Laudongasse 40, 1080 Wien
Tel. +43 1 405 55 15-0   Fax +43 1 405 55 19
www.suedwind-agentur.at

Südwind Agentur

Laudongasse 40, 1080 Wien
Tel. +43 1 405 55 15-0   Fax +43 1 405 55 19
E-Mail: office@cleanclothes.at   www.cleanclothes.at

**Clean Clothes
Kampagne**

Globale Netzwerke organisieren Spendenaufrufe und Petitionen,
um sich sozial- oder umweltpolitischer Themen anzunehmen

KAMPAGNEN

Weltweites Kampagnen-Netzwerk
www.avaaz.org/de

Avaaz

Weltweites Kampagnen-Netzwerk
https://www.campact.de

Campact

Internationale Bewegung, die sich für eine demokratische
und sozial gerechte Gestaltung der globalen Wirtschaft einsetzt
Margaretenstraße 166/3/25, 1050 Wien
Tel. +43 1 544 00 10   Fax +43 1 544 00 59
E-Mail: infos@attac.at   www.attac.at

Attac

#aufstehn	https://www.aufstehn.at
Slavery Footprint	Räumt mit dem Mythos auf, Sklaverei sei ein Übel der Vergangenheit. https://slaveryfootprint.org

INITIATIVEN ORGANISATIONEN VEREINE

Bewusst kaufen
Bundesministerium für Land- und Forstwirtschaft, Umwelt und Wasserwirtschaft
Abt. II/3 Nachhaltige Entwicklung und Umweltförderpolitik
(für den Inhalt verantwortlich)
Stubenbastei 5, 1010 Wien
E-Mail: bewusstkaufen@lebensministerium.at

Ratgeber für nachhaltiges Einkaufen
www.bewusstkaufen.at

Alle Gütesiegel auf einen Blick
www.bewusstkaufen.at/guetezeichen.php

FAIRTRADE Österreich
Verein zur Förderung des fairen Handels mit den Ländern des Südens
Neulinggasse 29/17, 1030 Wien
Tel. +43 1 533 09 56   Fax +43 1 533 09 56-11
E-Mail: office@fairtrade.at   www.fairtrade.at

VCÖ – Mobilität mit Zukunft
Bräuhausgasse 7 – 9, 1050 Wien
Tel. +43 1 893 26 97   Fax +43 1 893 24 31
E-Mail: vcoe@vcoe.at   www.vcoe.at

ARGE Weltläden
Dachorganisation und Servicestelle der Weltläden in Österreich
Leopoldstraße 35, 6020 Innsbruck
Tel. +43 512 55 11 50   Fax +43 512 55 11 50
Mail: arge@weltlaeden.at   http://weltladen.at

BIO AUSTRIA
Organisation der österreichischen Biobäuerinnen und Biobauern

Büro Wien
Theresianumgasse 11, 1040 Wien
Tel. +43 1 403 70 50   Fax +43 1 403 70 50 190
E-Mail: sekretariat@bio-austria.at

Büro Linz
Auf der Gugl 3/3, 4021 Linz
Tel. +43 732 654 884   Fax +43 732 654 884-140
E-Mail: office@bio-austria.at   www.bio-austria.at

Wear Fair
Österreichische Messe für faire und ökologische Mode, Tabakfabrik Linz
Ludlgasse 19, 4020 Linz
www.wearfair.at

VKI – Verein für Konsumenten-information

Testmagazin KONSUMENT
Mariahilfer Straße 81, 1060 Wien
Tel. +43 1 588 77-0   Fax +43 1 588 77-73
E-Mail: konsument@vki.at   www.konsument.at

WEITERE WEBLINKS

WWF Living Planet Report 2014
www.wwf.at/de/living-planet-report-2014

Plattform footprint
www.footprint.at

Hier können Sie Ihren ökologischen Fußabdruck errechnen
www.mein-fussabdruck.at

Das österreichische Nachhaltigkeitsportal
www.nachhaltigkeit.at

Foodwatch – die Essensretter
www.foodwatch.org/de

Magazin zur Klima- und Energiewende
www.klimaretter.info

Klima-Lügendetektor
www.klima-luegendetektor.de

Anti-Greenwashing-Kampagne von Greenpeace International
http://stopgreenwash.org

Bank für Gemeinwohl
https://www.mitgruenden.at

Wohnen ohne Gift, 3. Auflage

Dicke Luft in den eigenen vier Wänden: Das Buch zeigt, wie man mögliche Schadstoffquellen erkennen und sein Heim so gestalten kann, dass man sich wohlfühlt und keinen unnötigen Risiken ausgesetzt ist. Außerdem: Umfangreicher Serviceteil mit Literatur, Adressen und Links zum Thema.

ISBN 978-3-902273-94-9
148 Seiten, Flexcover, € 14,90

Gesund einkaufen, 2. Auflage

Qualität bei Obst und Gemüse, Milch, Fleisch und Fisch erkennen. Wie Sie Fertigprodukte in Ihren Speiseplan einbauen und Wissenswertes über Light-Produkte, Functional Food, E-Nummern und Gentechnologie. Außerdem: Produktionsweise und Herkunft von Lebensmitteln und Gütesiegeln.

ISBN 978-3-99013-027-8
156 Seiten, brosch., € 14,90

Energiesparen – ganz einfach!

Sparen – und damit auch Klima schützen – ist angesagt. Hier erfährt man, wie einfach es ist, den Verbrauch in vielen Bereichen ohne Komfortverlust zu senken. Außerdem: Wie man vorgeht, wenn größere Investitionen anstehen, und welche Förderungen es für Energiesparmaßnahmen gibt.

ISBN 978-3-902273-81-9
148 Seiten, brosch., € 14,90

Weitere KONSUMENT-Bücher im Buchhandel oder im Online-Shop auf www.konsument.at

Das österreichische Testmagazin

Ihr Ratgeber für den täglichen Einkauf.
Jeden Monat mit Tests, Reports und Analysen.
Ohne Inserate, deshalb unabhängig von Firmen.
Nur dem Leser verpflichtet.

Beratung & Konsumentenschutz

Wir beraten Sie vor und nach dem Kauf.
Und helfen Ihnen, zu Ihrem Recht zu kommen.
In **Musterprozessen** zeigen wir Missstände auf.
Besserer Konsumentenschutz ist das Ziel.

Test-Urteile

Test ist nicht gleich Test.
Nur Konsumentenschutzorganisationen wie der VKI prüfen
nach international anerkannten Standards. Deshalb ist auf
unsere Testergebnisse Verlass. Strenge Qualitätsrichtlinien
zeichnen unsere Arbeit aus.

Wir sind für Sie da

Aboservice
Für Fragen zu Ihrem KONSUMENT-Abonnement, für Adressänderungen
sowie für Buchbestellungen wählen Sie Tel. 01 588 774
(Mo–Do 8–16 Uhr, Fr 8 – 14 Uhr)

Beratung
Die Experten unseres Beratungszentrums sind unter Tel. 01 588 77-0 erreichbar
(Mo – Fr 9 – 15 Uhr)

Persönliche Beratung
Wien: Mariahilfer Straße 81, Tel. 01 588 77-0
        (Terminvereinbarung Mo – Fr 9 – 16 Uhr, Kostenbeitrag 20 €)
Innsbruck: Maximilianstraße 9, Tel. 0512 58 68 78 (Mo–Do 8–12 Uhr)

Besuchen Sie uns im Internet www.konsument.at